プルードンの時代
──金融資本主義を超えて

ティボー・イザベル＝著
山本光久＝訳

Pierre-Joseph Proudhon

ぱる出版

PIERRE-JOSEPH PROUDHON : L'ANARCHIE SANS LE DÉSORDRE
Thibaut ISABEL

目次

プルードンのおもな著作（略称表）　15
ブザンソンの位置　16
ウィーン体制下のヨーロッパ　25
一七世紀半ばのヨーロッパ　26
ヘキサンゴンとしてのフランス　31

はじめに　現代性の歪み　17

無政府状態とは「権力の廃棄」を意味する。それは「権力なき秩序」である。／巨大な金融的独占企業のレッセ・フェールのお説教。アナーキズムはこの偽りの自由を、国家の首枷抜きに阻止しようとする。／プルードンの分析はすべて、現代の最も重大なアクチュアリティに反応するものであり、現在の道を切り開く助けとなる。

第一章　アナーキズムの父の生と死　27

プルードンは都市のヘゲモニーに対し地方の永遠の守護者であり続けた。そこには、「小さなもの」への深い愛と「大きなもの」への嫌悪があった。／株式取引の宮殿がノートル＝ダムに取って代わった。かくしてわれわ

れは複式簿記以外の紋章学を知らない。

第二章　資本家の捕食に抗して　43

マルクスが階級に終止符を打とうとするのに対し、プルードンは、階級を存続させつつそれらを調和させようとしていた。／進歩の極みのようなふりをする非実体経済の跳梁——。国家はそれに直面し、資本の親玉たちに「助成金」や「特権」を急いで認めるのだ。

第三章　現代人の二重の疎外　51

プルードンは近代化の過程そのものに根絶すべき悪を見ていた。巨大資本や巨大国家の支配が生活の機械化、存在の空虚、無味乾燥な人間関係に繋がるのではないか。／職業を通じて自分を開花させる可能性が、われわれには殆どない。われわれの生はすべて消費に帰着している。

第四章　各政治体制の悪徳と美徳　61

巨大独占企業の出現は、労働者たちからのあさましい搾取をもたらした。

しかしプルードンはマルクスとは異なり、政治による疎外も経済による疎外も拒絶した。／権威に基づいた政体の弊害は、個人に何の責任もないところで、人格を蔑ろにすることだ。すべては集団性の名の下に負担させられる。

第五章　プルードンのイデオロギー的懐疑主義　*77*

この上なく自由な政体ですら独裁的になりがちであり、加えて他ならぬ民衆がその動きの先兵となるのだ。

第六章　極端さのバランス　*85*

世界は自らの矛盾を糧としており、われわれがあまりに単純化された論理に固執するならば、現実に真に向き合うことは決してないだろう。／世界は矛盾に満ちている――真の節度とは、意思表明活動の全き多様性において現実のあらゆる要因を受け止めることにある。／連合主義とは、他のすべての政体に敵対したり乗り越えんとするものではない。それは相互にさまざまな政体の均衡を保つものである。

第七章　完全な連合主義　*99*

投票に訴えるのはいつも最後の手段だ――その危険は、民衆が選挙による多数派の名の下に自分自身の専制君主になりかねないほど大きいからである。

第八章　個人、コミューン、国家　*105*

連合的契約は共同体の中にわれわれを組み込むのではなく、個人とその所属する共同体の間の相互作用を調整する法的枠組みである。／国家は廃されてはいない。しかしその権力はもはや至高のものではない。それは、連合の内的構成員の間に無限小に分散されている。／資本主義の巨大な独占は、権力の決定機関以外のなにものでもない。この自由主義は、自由にではなく隷属に至るだろう。／この世界のすべては両義的であり、人間は自らのうちに宇宙の潜在能力を凝縮させている。この点に関して、人間の善意に政治的教説の基礎を置くのは危険だろう。

第九章　保護貿易主義　123
消費とは異国へ追放されることだ。金利によって制限され、狭く、奴隷的な専門性に還元された労働にはもはや祖国はない。

第十章　所有の理論　129
ほとんどヘラクレイトス的な前提の上に、まさに個人的および集団的弁証法として連合の相互主義の促進は立脚している。／交換の金融化によって労働の諸関係の悪化が無関心の陰の下に助長される。プルードンはこの非人間化の過程を激しく非難していた。

第十一章　相互扶助論の哲学的原理　147
弁証法の概念の基礎にもとづいて、プルードンはマルクスに反対し、共産主義には相互主義を対立させようとする。／直線的な〈進歩〉も、〈歴史〉の終わりも存在しない。弁証法は輝かしい終末論には至らないし、知恵は緊張の解決をではなく、それに調和を与えることを目指している。

第十二章　協同的労働　*159*

相互主義的環境を強固にし、それだけ小所有者を繁栄させる自主管理方式の組合（アソシアシオン）を優遇すること、国家はそれを目的とするべきである。／真の進歩というものは、文化の秩序を含め社会のあらゆる局面の緩やかな成熟を要求する。

第十三章　モラルの必然性について　*171*

プルードンは諸価値の現代的危機の中に自由主義経済の危機の主な原因を見ていたが、同様に、自由主義経済の中に諸価値の現代的危機の主な原因を見ていた。／プルードンはニーチェよりも前に、「藝術家としての人間」のモラルを入念に作り上げていた。美学のプリズムを通して道徳を考えていたのである。／プルードン的アナーキズムは、国家による「組織された無秩序」に対して社会秩序の要素としての美徳に訴える。反独裁的体制においては、人間が善をなすのを抑圧するものは何もない。

第十四章　神とともに、それとも神なしに？　*187*

異教の宗教に魅了されていたプルードン。彼にとって自然は生き生きとした本質、つまり人類がその有機的な構成要素にほかならない内在的な〈全体〉として現われていた。／われわれの理性は啓示的一神教の独断的な二元論に歪められている。忘れられた古代の神はフリーメーソンの神を通してしか回復されない。

第十五章　現実的なものの弁証法　*199*

プルードンはヘーゲルの教説にも、共産主義の進歩主義にも決して納得しなかった。彼は新しい形の弁証法を考えようとしていた。それは生の経験的与件にもっと寄り添うものであった。／前ソクラテス期の思想あるいは伝統的な中国思想においては、頂点は動的で相反する現実それ自体の揺れ動く極性として現われ、中庸はこれら対立するものの間の不安定な均衡以外のなにものでもない。／オルテガ・イ・ガセーの生の理性主義とは、世界を生成として、本質主義的な理性の庇護下では捉えられぬ流れとして考える理性主義である。それは古代的でヘラクレイトス的

凡例

一、本書は、Thibault ISABEL, *Pierre-Joseph Proudhon L'Anarchie sans le desordre,Préface de Michel Onfray*,Edition Autrment,mars 2021 の全訳である。

二、丸かっこは原文のまま、亀甲かっこは訳者による補注を示す。

三、原文の大文字による強調は〈　〉もしくはゴシックで示した。

四、原文のイタリック体は、傍点で示した。

われわれは保守的であると同時に
進歩的となるだろう。
というのもこの二重性においてこそ、
われわれは革命的になるのだから。
――P＝J・プルードン『革命に乾杯』一八四八年一〇月

プルードンのおもな著作（および略称表）

左側に、言及した著作の略称を示す。右側に、引用に用いた著作の原題とその原著刊行年を示す。

『所有』：『所有とは何か？』（ガルニエ、1848［1840］）
『貧困』：『経済的矛盾の体系あるいは貧困の哲学Ⅰ－Ⅱ』（ガルニエ、1850［1846］）
『告白』：『革命家の告白』（マルセル・リヴィエール、1929［1851］）
『革命』：『一九世紀の革命の一般的理念』（ガルニエ、1851）
『正義』：『革命と教会における正義について』Ⅰ－Ⅳ（ガルニエ、1860）
『戦争』：『戦争と平和』（マルセル・リヴィエール、1927［1861］）
『連合』：『連合の原理』（ロミヤ、1999［1863］）
『藝術』：『藝術とその社会的使命の原理』（ガルニエ、1865）
『階級』：『労働者階級の政治的能力』（マルセル・リヴィエール、1924［1865］）
『理論』：『所有の理論』（ラクロワ、ヴェルベックホーウェン社、1866）

プルードンの故郷ブザンソンの位置

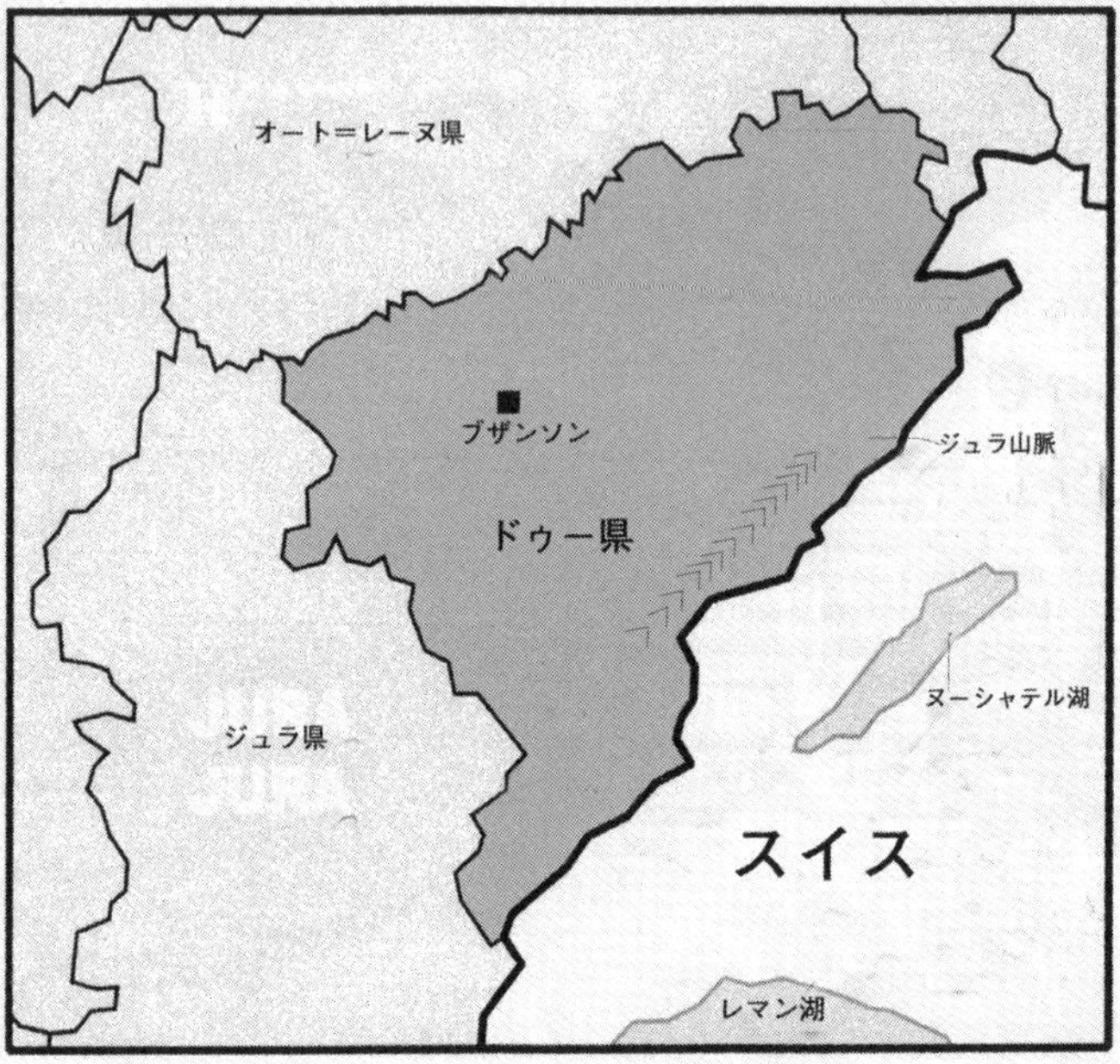

▲フランシュ＝コンテ(「フランク族の伯領」を意味する)はフランス東部、スイス国境に位置する、中世のブルゴーニュ伯領に対応する地域。この中心都市ブザンソンはドゥー県の県都で、古代ローマ以来二千年の歴史を有する。古くはウェソンティオ（Vesontio）と呼ばれ、ガリア人の一派セクソニ族が本拠としていた。社会主義者のシャルル・フーリエ、作家のシャルル・ノディエ、ヴィクトル・ユゴー、映画の発明者リュミエール兄弟、画家ギュスターヴ・クールベの出身地としても知られる。

はじめに　現代性の歪み

今日では、ピエール＝ジョゼフ・プルードンはもはやマルクスほど有名ではない。この主張のよって来る所以は、もう一つの、言うまでもない真実を忘れているからである。すなわち、一九世紀の最後の三分の一まではほとんど知られていなかったのはマルクスであり、社会主義ヨーロッパすべてにおいて称賛されていたのはプルードンだったということを！　フランス大革命の二十年後に生を受けたこのフランシュ＝コンテ人は、自由主義経済への最初の反対運動が生まれていた当時、異議を唱える人々の先頭に位置していた。同時代の社会を改革する目的の下に、彼は「アナーキズム」という言葉を発明し、重要な哲学的研究を企てた。

プルードンとマルクスは同世代であり同じ知的交流関係にあったが、あまり親しくはなかった。政治に関しては、彼らは正反対の考えを持っていたのである。その対抗関係は十年の間にへだたりを増し、後継者たちにあっては根強い嫌厭感をもたらすことになる――プルードン主義者たちは反権威主義的陣営を形成し、一方、マルクス主義者たちは共産主義陣営を形成するだろう。この両者の緊張関係は、スペイン市民戦争の間、一九三七年の場合のように軍事的衝突に至るほど激しいものとなる。反権威主義派は共産主義者は自由を踏みにじるようなやり方で平等主義を広めると非難する。革命が一つの党派によって担われた場合、地方の自由は必然的に犠牲にされてしまう。市民たちは牧羊犬に先導された羊の群れと化す。

権威批判に力点を置けば、アナーキズムはたとえば〈歴史〉の進歩主義的ヴィジョンよろしく道徳に関する自由気ままな見方を擁護すると思えもしよう。一九六八年以来、社会主義者、まして[や]アナーキストは、遺産、伝統、規律上の掟、既存の慣習に常に異を唱えると思われているようだ。ところが、問題はかつてもっと複雑な形で生じており、アナーキズムの先駆者たちは未来に対してと同じく過去に対しても目を向けていたのである。もちろんプルードンは、キリスト教の教条主義を、ブルジョワの順応主義を、国家の検閲を嘲笑していた。何ものもわれわれの行動を指図するべきではなく、外的命令に譲歩することはありえまい。だがそれは、われわれの気に染むことを何でもやってよいということではない。プルードンは、義務の観念をきわめて強固に保っていた。彼が権威主義や法律至上主義を非難したのは、われわれ自身の責任、とりわけ道徳的責任にわれわれがしっかりと向き合うためであった。彼は風俗慣習を緩和するパルチザンであるどころか、この点においてはきわめて厳格であった。

無政府状態《アナルシー》とは「無秩序・混乱」の同義語ではない。それはギリシャ語の語源が示すように、「権力の廃棄」を意味する。したがってそれはプルードンの有名な定式によれば、「権力なき秩序」である。この主張の目的は、混乱をまき散らすことではなく、もっと組織化されもっと柔軟な形で社会を規定することである。権威主義は、管理制御の小児的様式に対応する。成人たる人民は、自分自身で自らを治めることがまさに可能である。それ

無政府状態とは「権力の廃棄」を意味する。それは「権力なき秩序」である

ゆえ彼らは暴君を倒し、民主主義へ向かう。残念ながら共和派の議会政治は、独裁的偏差を免れられないのであって、そのわけは、それが多数派の圧制に変わりかねないからである。突出した急進的分派は市民総体に対して自分たちの意志を押し通し、中間層に対する最低限の自治あるいは少数者に対する最低限の妥協を拒絶するのだが、まさにそこに、圧政を再審に付す正当な根拠があり、これは正当な民主主義、すなわちアナーキズムの導入とともにあるものだ。プルードンにとってジャコバン的中央集権化に対するこの根源的闘いは、「位階秩序制が原始社会の条件であるように、成熟した社会の存立条件である。すなわち、人間社会においては、位階秩序制から無政府状態への絶えざる進歩があるのだ」(『革命』、三六五頁)。

フランスにおいては、ピラミッド的社会に生きることに慣らされている。いまだに、アンシャン・レジームとルイ十四世の記憶がわれわれの精神に刻みつけられている。さまざまな決定は上からの、しかも家父長主義的な論理に依拠している――官僚主義的政府は商取引を規制し、よき習慣とよき身だしなみを押しつけ、よく効く薬とそうではないものとを選り分け、毎日食すべき果物と野菜の数を決定し、コレージュで認可された特別のカリキュラムを選び、子弟を預けるべき学校をすら規定する。それとは逆にアナーキストは、さまざまな決定は下部組織によって受け止められることを求める。彼は集団的問題に市民が直接関わることを促進するために、ローカルな領域にもっと大きな主導権の余地を与えようとする。彼は、上からすべてを取り仕切るのではなく、多様性を尊重しながら、人々が下から組織されるのにまかせるのである。

しかし、国家が自由の唯一の敵なばかりではない。この二世紀この方、人類は経済の独占支配によってその独立を蔑ろにされている。巨大な企業および金融的独占の飛躍的成長は、各国および多国籍企業を途方もなく大きなものにした。今やまさにそうした企業こそが、政治権力以上に世界市場をリードしているのだ。資本主義は自ら自由の友だと名乗り、「自由放任《レッセ・フェール》」のお説教をしているが、一方で、どの労働者をも従順な連中の列に失墜させ、ご主人様の強制と経営者の圧力に従わせる。アナーキズムはこの偽りの自由を、国家の首枷に助けを求めることなく阻止しようとする。

巨大な金融的独占企業のレッセ・フェールのお説教。アナーキズムはこの偽りの自由を、国家の首枷抜きに阻止しようとする。

まさにこのゆえに、プルードンは進歩について含みのある批判をした。確かに彼は過ぐる諸世紀になんのノスタルジーも抱いてはいなかった――領主の封建制には望むべき何のモデルもなく、人間による人間の支配は大昔の忌まわしい出来事だが、これは人類の源に遡る。それに対して〈歴史〉の流れは搾取の傷痕にもっと大きな表現を付与することによって、それをひどく際立たせた。中央集権的国家と資本は、官僚制度、産業、金融の大規模な発達とともに近代初頭に現われた。これらは、われわれが生きる時代と不可分一体のものだと言うことができる。

ところで、われわれは多くの現代性を求めながら現代性の外へ出たりはしないだろう。われわれの社会組織を進歩させ改良したいのならば、逆説的に、われわれに役立つ過去の諸相を保存しまたは復活させることを学ばねばならない。小さな共同体や地方の小さな市場は、公的機関や私的企業のような超管理された巨大な機械的機構よりも人間的個性やその自由さ・責任性にはるかに適合した生活の枠組みを形作っている。現代の人間は、その起源と再び結びつき、新たに大地に根を下ろしたいと思っている。大都会の冷たさに特徴的な匿名の、没個性的な世界よりは、見知った人々と触れ合い、それを信ずることで生きることがわれわれには必要だ。アナーキズムが目指すものはまさにそれだ。プルードンは、われわれがその最終的な化身を見ている近代化の運動の始まりを生きた。彼には、巨大な国家と巨大な資本の誕生がわかっていた。彼の分析はすべて、現代の最も重大なアクチュアリティに反応するものであり、現在の道を切り開く助けとなる。

われわれの誰もが、二一世紀の男も女も、かつてないほどに袋小路に入っている――われらの夢を再び蘇らせるのに、どんな方向に向かうべきかわからないのだ！　スターリンの、ポル・ポトの、そして彼らのライバルたちの支配の下の恐怖を経て、ベルリンの壁と同時にコミュニストの理想は崩壊した。リベラリスムはと言えば、その欠陥によってしか同意を得られない。私たちは日々いまのシステムのまずさを確認しているのだが、一方、人員整理計画やら生産拠点の閉鎖、工場分散の騒ぎなどが複合化している。若者たちはみずからを模索し、その反抗に意味を見出せない。だが、なにものも、無為ゆえに私たちを責めはしない。衰亡の脅威を目の当たりにしつつも、私たちには廃墟と瓦礫を探ることが

プルードンの分析はすべて、
現代の最も重大なアクチュアリティに反応するものであり、
現在の道を切り開く助けとなる。

残されている。まさに忘れられた古き理想の炎にこそ、おそらく私たちは再び希望の熱情を甦らせることだろう。

▲ウィーン体制下のヨーロッパ。

ウィーン体制は一八一四～一五年のウィーン会議に基づいた国際秩序で、一九世紀半ばまで続いた。フランス大革命やナポレオン戦争によって崩壊した既存の国際秩序を回復し、当時拡大しつつあった自由主義・国民主義を抑圧し、大国同士の勢力均衡と正統主義を原則とする反動的・保守的な体制。一八四八年のフランス二月革命のヨーロッパ各国への波及およびクリミア戦争（一八五三～五六年）により崩壊した。

▲一七世紀半ばのヨーロッパ。
神聖ローマ帝国下の旧教と新教の対立に端を発し、ヨーロッパ各国に拡大した三十年にわたる宗教戦争の終結に際して、ウェストファリア条約が一六四八年に締結された。これによって神聖ローマ帝国が解体、諸侯が独立して主権国家を形成、今日のヨーロッパの国際政治体制の基礎が築かれた。

(「大航海時代は富の収奪戦争だったが、現代の大航海時代は総需要そのものの争奪であり、市場の囲い込み競争として激化することになるだろう。グローバリズムはその最初の現れだった。株式会社は、安い労働力と未開発の市場を求めて、国家が定める国境を越えて自らの活動の場を広げていった。国民国家の自律性を定めたウエストファリア体制を実質的に破壊しようとした。」——平川克美『株式会社の世界史』東洋経済新報社 p.356 より)

第一章
アナーキズムの父の生と死

一八〇九年一月十五日に生まれたプルードンは、民衆出身のまれな社会主義理論家の一人だった。彼の父は樽職人であり、母は農場で働いていた。彼はブルジョアでも、プチ・ブルジョアでもなかったが、彼の社会階層の多くの人々と同じく、そのような状態に達したかったことだろう。それに、彼の両親はあらゆる手段によって家計を安定させようとしたが、ついにはその貧弱な経済を失うに至った。この失敗は彼らにとって痛切な傷となった——彼らは田舎での厳しい生活に甘んじなければならず、ひどい苦汁を味わった。

たとえ人生のさまざまな偶然のため——経済的不如意ゆえに働き口を見つけるため、あるいは政治的圧迫ゆえに亡命を決意した場合に旅をせざるをえなくても、プルードンはブザンソンという親しい街に深く結びついていた。それほどに彼は、都市のヘゲモニーに対して地方の永遠の守護者であり続けた。さらにそこには、「小さなもの」への彼の深い愛と「大きなもの」への彼の嫌悪が認められた。彼は郷土に根づくことを大切にしたが、それは、土地に結びついた永遠のアイデンティティの名の下にでもなく、異国人への憎悪の名の下にでもなく、地域の共同体との連帯ゆえである。彼は自分の出自を誇りにしており、「ブザンソンの人」とあだ名されるのもそれに由来する。

小学校では、並外れた素質の持ち主とされた。両親が貧しく教育がないにもかかわらず、彼は優秀な生徒だった。奨学金のおかげで、彼には勉強を続ける機会が得られた。だが、バカロレアを受ける直前に、勉学は放棄された――父親の事業の失敗のために、働き口を見つけざるをえなかったのである。彼は事の成り行きでゴーチエ印刷所の植字工になり、それから校正係になった。これはすばらしい運命的出来事だった――シャルル・フーリエの『産業的社会的新世界』のゲラ刷りを校正し、彼は社会主義を発見したのだ。プルードンの自己形成の本質的部分、彼はそれを大学の机の上で得たのではない。彼は印刷に付す予定の本を読み、そうやってラテン語、ギリシャ語、ヘブライ語を自分のものにした。また同様に神学を研究したのだが、これはカトリックの彼の母がその手ほどきをしたものである。

一八三〇年[*1]の経済危機のせいで、彼は生まれた街を去ってフランス各地を経めぐることになり、六角形《ヘクサンゴン》〔フランス本土を示す〕の四つの角、すなわちパリ、リヨン、マルセイユ、ドラギニャン、トゥーロンで不安定な雇用に就いた。誰もがその知的能力を知っているこの男の困惑は想像するしかないが、手荷物を背に街道を歩き回ることを余儀なくされ、妥当と思われる仕事にはあちこちで申し込んだ。

プルードンは都市のヘゲモニーに対し地方の永遠の守護者であり続けた。そこには、「小さなもの」への深い愛と「大きなもの」への嫌悪があった。

＊1　一八三〇年、フランスでは七月革命が起きる。この背景には、直接的には一八一五年の王政復古成立以来、貴族や聖職者を優遇するシャルル十世の政策が市民階級を圧迫していたことがある。加えてシャルル十世は一八三〇年に出版の自由を制限し選挙法を改悪したため、民衆の不満が爆発した。ドラクロアの有名な絵画『民衆を導く自由の女神』は、この七月革命を描いたもの。こうした問題に関連して、プルードンには『一八一五年の条約が存在しなかったならば――未来の国際会議の議定書』（一八六三）がある。

こうした惨めな生活に疲れ果て、運命を手にする決意をしっかり固め、彼はブザンソンに戻った。一八三三年になると、彼は二人の仲間と印刷所を設立した。会社はささやかなものだったが、そのこと自体はどうでもよかった！　プルードンは職人になるという目的達成を間近にひかえていたのである。この状況は彼を喜ばせた。彼にはお金はなかったが、自由があった。誰の命令も聞く必要がなく、人間として伸びやかにあることができた。サラリーマンへの嫌悪がますます根深いものとなった。自身その出身である労働者の世界にはなんら軽蔑の念は抱かないとしても、打ち続く隷従がもたらす心理的荒廃を彼はよしとはしなかったのである。人間というものは、自らの運命を支配する時にしか毅然たりえないものだ。社会的進歩の目的は、私たちを富ますことではなく私たちを開放することにあるべきだろう。

革命の観念はこの青年の精神の中で、徐々にその歩みを始めていた。彼の初期の著作はこの時期のものである。文法の問題にしばらく耽った後、今度は経済学に関心を抱き、アダム・スミス、ジャン＝ジャック・ルソー、フレデリック・バスティア〔一八〇一－一八五〇年、フランスの経済学者〕を代わる代わる読んだ。彼の印刷所は既に倒産状態であった。幸いにも、彼は二九歳でバカロレアに受かり、一八三八年にはブザンソン・アカ

ヘキサゴン（六角形）としてのフランス

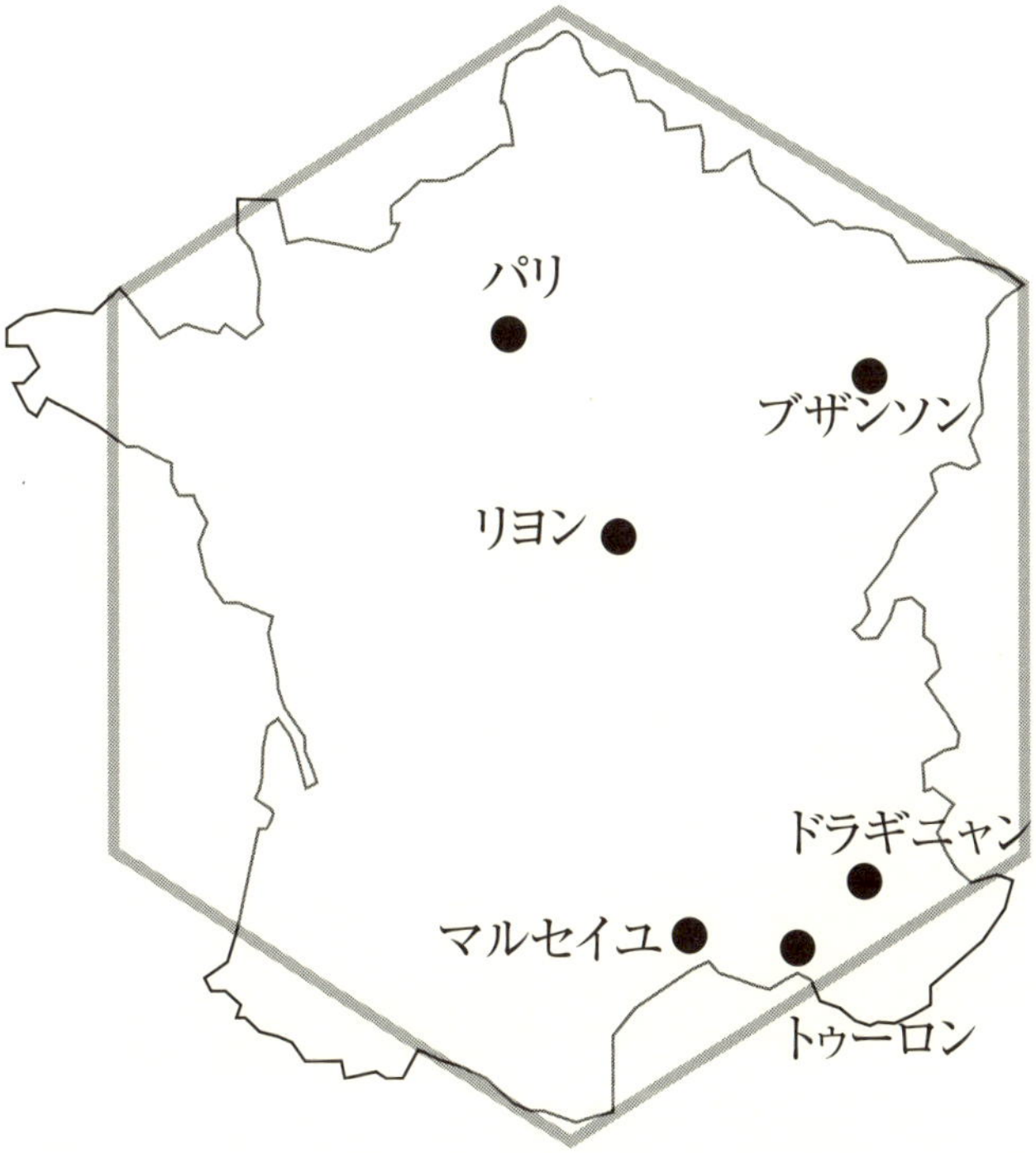

●はプルードンが遍歴した都市を示す

デミーの年金を獲得したのだが、これは、アメリ・シュアールによって彼女の夫のアカデミー会員ジャン＝バティスト・アントワーヌ・シュアール記念基金から支給されたものだ。プルードンはその年金申請状の中で、誇りをもってその慎ましい出自を明かし、貧しい人々のために力を尽くしたいと述べていた――「労働者階級のただ中に生まれ育ち、心と愛によって、またとりわけ忍耐と祈りの共有によってなおもそこに属しております私の最大の喜びは、仮に皆さまの賛意が得られますならば、どうかお疑いなきよう、私の精神のすべての力と私の意志の全精力とをもちまして、私が喜んでわが兄弟とわが同胞と呼ぶ人々の精神的および知的向上のために、科学と哲学を通して今後、力を尽くすことができることでございます」。この年金のおかげで、プルードンは多少一息ついた。そして、若干の規模の原稿を書いた。そのうちのいくつかは一八三九年と一八四〇年の間の、所有に関する論文である。三年がたち、年金の給付は終了を迎え、彼はまた働き口を見つけなければならなかった。

彼が仕事を見つけたのは、フランスで最初の労働者の街リヨンである。彼はそこで、河川運航の会社の経理の仕事に従事した。彼は当地で政治に夢中になった。絹織物の労働者たるカニュたちのために心を砕いた。十九世紀初頭においては、ジャカード織業のような新しい織物業の登場が労働条件の姿を大きく変えていた。カニュたちが自宅で絹織物を作っていた頃、こうした新しい紡織機が大量に導入されたことで、カニュたちはサン＝ニコラ、サン＝ジョルジュ、サン＝ジャンといった下町街区から、修道院や天井の高い大きな建物のあるクロワ＝ルス街区へ住まいを移さざるをえなかった。機械のおかげで以前より多くの生産が可能となり、市場価格も下がった。労働ももっと反復的になり、職人たちの伝統的腕前は二の次になった。彼らは単なる製作者に格下げされたのである。織物業は費用が掛かるものとなり、多くの絹織物製造者には仕事の道具を買う手立てさえももはやなかった——彼らは工場によく似た作業場の「仲間」として徴募されたが、そこではみんながその家族とともに生活していた。生活は、日にほぼ一八時間の仕事のためにカニュたちが体を壊すほど困難を極めたものだった。

一八三一年に、次いで一八三四年に、すなわちプルードンが到着する数年前のことだが、織物工たちの大挙した激しい形の反乱が起きていた。警察力で厳しく鎮圧されるほどの暴動であった。二度目の反乱の時、四月の「血の週間」の際には、デモ隊と軍隊の間で一斉射撃が繰り返された。反乱軍はボン＝パストゥールの兵舎を襲い、区域にバリケードを作って、本当の野営地に立てこもった。内務大臣アドルフ・ティエールが街を取り返すに至ったのは、六〇〇人以上の犠牲者という代価を払ってのことである。一万人のカニュたちが投獄され裁かれた。

この騒然とした雰囲気が強い連帯的活動につながった。カニュたちは結束して自分たちの日常を改革しようとした。一八二五年の経済的危機以来、カトリック側の圧迫下で、たとえ一七九一年のル・シャプリエ法[*1]が賃金の高騰を恐れて職業的性格を持った連合組織（組合）を禁止したとしても、彼らは相互扶助する組織を設立し始めていた。当初、こうした共済組合は秘密結社の形を取って始められた。月々の会費のおかげで、組合は病気、失業あるいは老齢による問題が生じた際に援助をもたらした。様ざまな反乱のあとに、それらは例外的な熱狂を引き起こした。プルードンは大きな注意を払ってリヨンの労働者たちの組合を観察した。真の革命は武装した権力の奪取ではなく、現場の実践によってこそ達成されるのだと彼は納得した。

そうしたすべてはヨーロッパの歩みに刻み込まれており、それは社会主義的共済組合の国際的連合の将来的可能性を予測させるものであった。イギリスにおいては一八三八年以来、チャーチストたちが同種のイニシアチブを投げかけていた――彼らはウェールズの起業家ロバート・オーウェン[*2]から着想を得ていたのである。オーウェンは一八〇〇年から労働者たちの共同体を導いていて、紡績の発達を利用して民衆教育の博愛主義的計画を指導した。オーウェンは協同的組織の基礎を打ち立てていた――労働者はすべて意思決定に関係しており、会社の共同所有者であった。チャーチストたちは全体的活動計画を作るために、協同組織の原則を拡大することを望んでいた。国および世界のいたるところに、労働者たちは自分たちを経営者から自立させる協同組合や共済組合を配置しなければならなかった。こうした自主管理の試みに、プルードンは哲学的根拠をもたらそうとしていた。

彼はやはりフーリエの本のことを思い出した。植字工の仕事を始めた時に読んだことがあったのだ。このブザンソンの同郷人は、織工たちの連合的運動を想起させずにはおかない社会主義的学派の創立者だった。フーリエは、親和力にしたがって自由に結びついた男女がその資源を分かち合うために共同で土地を耕そうと望むのを一つにまとめる共同

＊1　ル・シャプリエ法　一七九一年六月、フランス革命中の国民議会で採択された法律で、労働者の団結、請願、ストライキなどを禁じることを目的とした。一八八四年の結社法成立まで存続した。
＊2　ロバート・オーウェン（一七七一－一八五八年）イギリスの実業家、社会改革家、社会主義者。協同組合の基礎を作り、労働組合運動の先駆けとなったいわゆる空想的社会主義者の一人。「イギリス社会主義の父」とされる。アメリカ・インディアナ州で共産村を試みるが、失敗。幼児教育にも足跡を残した。

体――「ファランステール」――の創設を熱心に説き勧めていた。いくつかのファランステールが一八三〇年代に試みられた。とりわけそれは相互扶助によって、資本家の搾取から逃れて行なわれたものだった。プルードンは資源の完全な共有という考えには異を唱えたが、経営者側の圧力への解決策としては労働力の共有化案を評価した。ある普遍的な精神が生まれつつあったが、それは人々をさらに連帯へと誘うものであった。

一九世紀の社会主義的影響の大きな源泉の中では、最後に、ジャーナリストにして政治家の生涯を送ったピエール・ルルー[*3]の活動を挙げなくてはならない。ルルーは、労働者の自然発生的な結合として未来の都市を考えていた。リベラリスムはそれが経済面で伴う富の集中と道徳面でもたらす鈍いエゴイスムの二つの面から、彼はこれをよしとはしなかった。大半のほかの運動の創設者と同じく、彼においても、物質的経済主義に対する厳しい糾弾が勝っていた――「かつては――とルルーは書いている――貴族階級があったし、聖職者という身分もあった。つまり、貴族には欲得に走らないという行動規範があったし、聖職者は暴利をむさぼることを禁じ商人の身分を低いものと見なしていた。当時は、利己的な利益以外のモラルも、計算の早見表とは別の物事の理由があることも知らない人間が存在していたのである。ただ彼らは範を垂れたり、社会に対して我が物顔で振舞うことはしなかった（…）。今日では、そのような人間が主役を果たしている。社会ですらが、そうした取引を満足させること以外のなんの法も、原則も、基盤も、目的も持ってはいない。株式取引の宮殿がノートル＝ダムに取って代わってしまった。かくてわれわれは、複式簿記以外の紋章学を知らないのである」（『百科雑誌』、一八三二年夏）。明らかにルルーにあっては、資本主義批判は現代性批判に含まれている。古き時代はまっとうなモラルが働いていていて、そのため民衆の搾取が食い止められていた。そしてこの古きモラルの名の下にまさに、社会主義者たちは金融の拡大と闘うことを求めていたのだ。

こうしたことすべてが、プルードンに刻印を残すだろう。彼もまた、モラルの中に資本

株式取引の宮殿が
ノートル＝ダムに取って代わった。かくしてわれわれは
複式簿記以外の紋章学を知らない。

＊3　ピエール・ルルー（一七九七－一八七一年）フランスのジャーナリストにして哲学者・政治経済学者。『ル・グローブ』『新百科全書』などを創刊、「社会主義 socialisme」という言葉の生みの親としても知られる。

主義に対する攻撃の武器を見出していた。織工たちの運動は、労働者世界側の誇りの激発を表わすものだったから、彼の眼には好ましかった。つまり、貧しい者たちは経営者の脅しに屈せず、悪運に抗して献身と仲間意識の精神で団結していたのだ。

普段はリヨンで働いていたが、プルードンは何度もパリに出かけて行って、そこでほかの社会主義のアジテーターたちと会っていた——ミハイル・バクーニン、アレクサンドル・ゲルツェン、そして若きカール・マルクス、当時二五歳か彼より九歳年下だった。こうした愉しい男たちは夜通し、世界を作り変えることを論じ、意見を交換し、読書について相談しあってすごした。プルードンはこのグループの中で飛びぬけて影響力があった。彼はロシア人バクーニンやゲルツェンと堅い友情の絆で結ばれたが、それは終生変わらないだろう。だがマルクスとの関係は、かなり急速に悪化した。彼らが出会ってから三年後の一八四六年、このドイツ人はプルードンにフランスにおける通信員になってくれるよう申し出たが、これは後のインターナショナルを先取りする組織的政治活動の一環であった。マルクスは曖昧な状態の社会主義を、自分たちの要求を押し通すためには武器を取りうるような真の労働者の集団に変えたかったのである。この過程は、相互主義が党派的論理や戦闘的教条主義に陥るのを懸念していたプルードンに激しい不満を引き起こした。彼は、自由の真の擁護であり例証である『貧困の哲学』を執筆し、これにマルクスはプルードンに対する論争的著作『哲学の貧困』をもって応えた。二人の決裂は決定的だった。二人を通して、社会主義の対立する分枝の誕生が見られた――アナーキズムとコミュニズムである。この角逐は彼らの尊敬すべき後継者たちの間の容赦ないイデオロギー闘争に至るが、それは一八八九年、第二インターナショナルの設立の頃に、反権威主義的な動きを伴いつつ明確な形を取ることになるだろう。

プルードンが自由に力点を置くところにまさに、マルクスは平等を強調した。一方が自治と責任の理想をすべてに逆らって信じるところで、もう一方は、プロレタリアの「一時的」独裁の投入は覚悟の上で、生産手段の集団的管理を奨励していた。プルードンは自主独立のことしか気にかけていなかった。ところで、すべての人に最低限の満足が提供されると、マルクスが望んでいた物質的・技術的進歩に関してすることは彼には大してなかった。結局、彼は自らを意識の覚醒者と見なしていて、まず何よりも考えること、自分の著作を広めること、具体的な計画を進めることを楽しんでいた。たぶん彼は自分の意見を広範な大衆に主張することにさほど執着していなかったのだろう。惑星レベルの社会革命は、彼にはプライオリティーがなかった。彼を夢中にさせたのは、人生の仲間の傍らに起きたさまざまな活動である。現場の闘いは、マルクスにとっては壮大な歴史的目的のための手段でしかなかったが、プルードンにとっては完全に目的そのものとなっていたのである。

一八四八年、プルードンは国民議会の議員に選出された。彼はあらゆるほかの会派——モンターニュ派（極左）も含めて——と離れて席を取ったが、結局モンターニュ派のそばに甘んじた。六月暴動に際しては、蜂起した者たちが明確な思想を持たず社会を前進させることはないと見なし、反乱に加担することを拒んだ。暴力のための暴力は彼の気に染まず、ストライキに訴えることも批判した、彼にはあまりにも好戦的に思えたのである。プルードンはこの政治的熱狂状態を利用して新聞を駆り立てたが、それらは次々に発行停止にさせられた。彼は学識者やアカデミー界隈には強力な知己を持っていたが、民衆層には全体として未知のままだった。

一八四九年には、彼は「人民銀行」の創設を試みた。これは、彼の生涯最大の連合の計画であった。彼は貸付けを無料にし、労働契約に基づいて保証された手形の発行によって貨幣の流通を容易にしようとした。個人は、資金を分散させ「貸付け年利率ゼロ」を提案するために互いにお金を出し合うのだ。つまり、賃金労働者は開始資金を受け取ったのだが、そのことが彼ら自身所有者になることで経営者から自由になることを可能にしたのである。この人民銀行の計画は、当時の主要な社会主義者たちによって討議され、一八四八年革命で生まれた労働者の連合のために実施された。開始当初は一万から二万の賛同者を集めた。結構な数だが、銀行の基礎となるにはあまりにも少なすぎた。プルードン主義者、フーリエ主義者、ブランキ主義者、共産主義者の間で方針の不協和が生まれ始めた。事業はほどなく流産し、かてて加えてプルードンはルイ・ナポレオン・ボナパルトへの辛辣な言辞のために出版法違反の咎で告訴された。彼はベルギーに亡命したが、帰国すると、再度禁固五年の刑を受けた。彼が労働者の女ユーフラジと結婚したのはこのサント＝ペラジー監獄においてであり、彼女との間には四人の娘を設けた。

出獄すると、彼は執筆に専念した。一八五八年、『革命と教会における正義について』が刊行されると、セーヌ重罪院に告訴され、新たに禁固三年の刑を受けた——当時社会主義者であることは高くついたのである！　プルードンはブリュッセルに戻ることにし、特赦になって二年後の一八六二年までゆっくりと当地に留まった。一八六四年、病を得て疲れ切った彼は、第一インターナショナルの設立に際しては、マルクスの影響に抗するべくプルードン主義者たちに自分の代わりを委ねた。翌一八六五年一月一二日、彼は逝った。彼の名は全ヨーロッパ中にとどろいていた。同じ頃マルクスは、ごく一部にしか知られていなかった。

第二章
資本家の捕食に抗して

プルードンは絶えず不正義による妨害を受けていた。彼は経済および政治の大変動の時代を生きた――いたるところに、資本主義に基づく新たな搾取の形態が打ち立てられていたが、それは過ぐる世紀の圧制に代わるものであった。ブルジョワジーは、長いこと旧体制《アンシャン・レジーム》によって痛めつけられた二次的な階級であった――貴族たちが大方の金になる物事を好き勝手にしている限りは、平民たちは金持ちになる望みが持てなかったのである。ところが一七八九年の革命によってそうした人々に自由な場が与えられ、野心的な若き狼たちが卓越した位置を獲得することが可能になった。民衆は「自由、平等、友愛！」の心地よい歌に圧制に抗して立ち上がったが、それは彼らの裏切られた理想に出会うことにしかならなかった。経営者に服従する身に陥るのならば、王への忠誠を厄介払いしたのは何のためだったのか？

王政復古、次いで七月王政は苛烈な起業家たちのカーストにはスプリング・ボードの役を果たし、彼らはこの過渡期が提供した信じがたい好機を逃さないだろう。一つの世界が終わりを告げ、もうひとつの世界が羽搏いた。貴族政治が凋落した今、取って代わるべき様々な場所がある。大ブルジョワジーには、膨大な資本を蓄積することが可能であった。その利権を大いに利用できたので、彼らはこれ以上労働する必要はなかった――先行者の貴族たちと同じく、彼らは悠々と金利収入を享受していたのだが、その間、ほかの貧しい者たちは大ブルジョワたちの命令の下、汗水たらして働いていた。バスティーユ広場の勝ち誇った民衆は、なんと、また新たな隷従と交換するだけで満足したのだった。

プルードンは、平等の明らかな欠如に憤慨していた。それはまさに、自由と友愛が踏みにじられた以上であった。自由は、経営者と賃金生活者という一般化によって裏切られた。この一般化は労働者を所有者の単なる奴隷にしてしまったのである。友愛はと言えば、ますます金ずくとなった世界の中で、物質主義と景気後退に振り回されて枯渇してしまった。人間的モラルは、このような迷妄逸脱に抗って全力で闘うことを要求していた！　有効な行動の手立てを見出さなければならなかった。

統一性によってのみ誓うマルクスとは違って、プルードンは多様性を好んでいた。彼は何がどうあっても、中央集権的な政治革命の、開明的な前衛の、一枚岩的な教義の祭壇に、個々別々のそして地域の責任を犠牲に供するのをよしとしなかった。ドイツの敵対的な兄弟に対するほぼあからさまな攻撃的文書の中で、彼は進んでそのことを繰り返すことだろう――「いかがわしい知性に対して私がどんなに答えるのを望まれようと、フーリエならば、政治においてと同様、形而上学や論理学においても統一性を狂信的に追い求める単純な人、次のような実に簡単な命題が理解できない人だと言ったのではあるまいか。すなわち、物理的世界と同じく精神的世界は、対立的で還元しえない要素の複数性に立脚していること、そしてまた、こうした諸要素の矛盾からこそ宇宙の生命と運動がもたらされるのだということだ」(『所有』二一三頁)。プルードンにとって自然と社会の表現形態の多様性は驚くべき恩恵をなしており、それは集産主義的ユートピアの中で解決を求められるべきものなどではない! 人間同士の差異は豊饒なものであり、葛藤は、いわゆる「大いなる夕べのコミュニズム」が到来する時にそれ自身の止揚に至るとされる〈歴史〉の単なる原動力などではない。葛藤は、まさに永遠に人間の開花の本質的構成要素であり続けるだろう。競争がなければ、われわれは生きていることさえ止めてしまうだろう。

マルクスが古き社会的境界の廃絶によって階級の存在に終止符を打とうとするのに対して、プルードンは階級を存続させつつそれらを調和させようとしていた。彼は、ブルジョワジーに対するプロレタリアの闘いを蒸し返そうとはしない。逆に、現代世界に対する反抗の必然性を浮き彫りにするために、その闘いを誇張したのだ。ただし、あらゆる人々が共にある友誼的連合の思想を保ち続けながら。農民と都市住民、肉体労働者と知識人などと同様に、民衆とブルジョワにもお互いの良さというものがある。われわれは階級の存在を嘆く必要はないのであって、それというのも、それらは互いに補い合う美質をもっているからなのだ。また、富の些細な開き同様、階級間に対立があることも嘆くべきではない——平等への要求をあまりにも過大に推し進めると、自由そのものも検討しなおさなくてはならなくなるだろう。実際、ほかの者よりたくさん働くある人間が他より少し多く稼ぐことの何が問題なのか? その余剰分を彼に認めてやるのは当然のことだろう。不正は、資本の不均等な取り分を不当にわがものとする時に始まる。経営者というものは自分に「他国者の遺産没収権」〔フランス古法の権利だが、ここでは他人の利得の上前をはねる程度の意味〕を与えていて、これは、賃金労働者の集団的力の金融的利得を蓄えるべく彼らの労働を活用できるようにするものだ。すなわちこれが、経済科学で今日常用されている「剰余価値」という用語でマルクスが彼なりに理論化することである。

ところで資本主義は、基本的にこうした不均衡とかかわりを持っている――つまりそれは、調和や相互的交換の原理よりむしろ略奪を助長するのであって、「労働に基づいて生産を決め（…）、各家庭に平均してまさにほどよい充足を与える」経済的比例配分の法則に従うのを拒むのである。そこから、われわれに打撃を与える悪の大部分が流れ来る。個々人は「金持ちになりたいという熾烈な欲望」を抱くし、「ひとりでに豊かになれない」（『正義』Ⅲ、五三六頁）ような辛すぎる労働は好まない。自分たちの活動が社会にどんなためになるかなど思い煩うことなく金持ちになりたいのである。成功の最終的な目安はお金、つまり労働の生産物が生むものであり、精神的価値、つまり労働の生産物がそれを買う人々に実際にもたらすものではない。一部の人々はまさに赤貧状態に戻ってしまう――

マルクスが階級に終止符を打とうとするのに対し、プルードンは、階級を存続させつつそれらを調和させようとしていた。

有益な活動をしている人でも、その仕事が新しいシステムの中では実際の実入りがないならば働き口を失うのだ。この死に至る過程の最も劇的な説明は農民の世界に関わるものであって、一九世紀になると農民の世界は、ますます悪下する収益率——少なくとも独立の開拓に関しては——に直面していたが、その一方で人口を養うというすぐれて有益な役割は果たしていた！「農村の大多数は」——とプルードンは言う——「都市の中に呑み込まれながら（…）産業のために耕作地」を放棄する選択肢しかなかったのであり、その都市では不衛生と人口過密が支配していた（『正義』Ⅲ、五三六頁）。資本主義は馬鹿げた状況を生み出してしまう——ある者たちは食べ物を作るために土地を耕そうとしたのだが、その代わりに飢えで死にそうな広大な大都会に自分がいることを知るのだ！　この馬鹿げたコントラストは往々にして現在の状況を思い起こさせるのであって、つまり田舎が過疎化する一方で、食品の物価は高騰し、貧しい労働者たちはこれ以上まともに食うことができず、地球のあちこちで飢饉のことが語られるありさまである。

　プルードンは、産業的資本主義——それ自体が本質的に死に至るものだが——から彼の時代に現われ後にヘゲモニーを取るに至るさらに危険な金融資本主義への道筋を分析していた。進化した資本主義において、所有者たちは「投機家、相場師、高利貸し」となる。

労働が有用性以上に収益性に支配されるばかりではなく、単純な交換ゲームによってまさにお金がお金を生むのである。厚かましくも進歩の極みであるかのようなふりをする非実体経済の跳梁に直面して、国家は商売をつなぎとめようと資本の親玉たちに急いでさまざまな「助成金」や「特権」を認めるのである。この循環は、「全般的な貧困化に上っ面の繁栄を与えることでまやかしと詐欺のとんでもない一手段」と化す。金持ちはますます金持ちになり、貧乏人はますます貧乏になる。そこで、持たざる者のために裂け目を補充し何がしかの助けをもたらすために公的サービスが際限もなく積み重ねられ、そしてそれを融資するために、「税はあらゆる限度を超えて労働から搾り取る」。結果――「あらゆるところで崩壊した均衡が、矛盾が、ついには貧困がある」(『正義』Ⅲ、五三六頁)。

この全体的な展望が示しているのは、プルードンはブルジョワジーに対して敵対的ではなかったということである。彼が大ブルジョワには敵対的であったこと、それは検討する

進歩の極みのようなふりをする
非実体経済の跳梁――。
国家はそれに直面し、資本の親玉たちに
「助成金」や「特権」を急いで認めるのだ。

までもない。プチ・ブルジョワジーが彼の眼には理想的な形態ですらあった。地方の段階で、商業的関係を維持するための自由が十分ある場合には彼らプチ・ブルは繁栄を謳歌する。しかしこの自由が国家的ないしは世界的段階において産業的および金融的な独占的権力を樹立するに至る場合には、彼らの力は減退する。一つの社会がプチ・ブルジョワジーを考慮に入れる度合いに応じて、その社会は正当だと言うことができる。というのはそれは、小規模の独立した所有者たちが多数存在し、したがって、賃金生活者と大経営者がわずかだということを意味するからである。社会主義の目標は、統制的で権威主義的なやり方で取引を禁じるのではなく、それぞれの階級を真ん中の状態に導くような商業活動を助長することであるべきだろう。マルクスのコミュニズムは、資産の平等性に焦点化した、もっぱら物質主義的な目的を採用するという誤りを犯した。一方、プルードンのアナーキズムは、ほかの要素、たとえば仕事に従事する喜びのように、社会的接触の暖かさないしは個人や集団に応じた自治の余地を考慮に入れていたのである。

第三章
現代人の二重の疎外

理論的観点からは、プルードン主義の中心観念は疎外に対する闘いにある。ところで、この疎外とは二重である――国家に関しては、政治的疎外。同業組合《ギルド》に関しては経済的疎外。既存の教会の精神的教導権を考慮に入れるならば、疎外は三重になるとすら言えるかもしれない――「資本が労働に、国家が自由に対してなすこと、教会は今度はそれを知性に対して及ぼしている」（『告白』、二八二頁）。国家を問題に付すことはマルクスとは大きな相違であり、マルクスは経済的疎外（あるいは付随的には宗教的疎外）には大きな重要性を認めるが、政治的疎外にはきわめてわずかな重要性しか認めない――その結果、プロレタリア独裁がコミュニストたちにとって不正を阻止する当然の手段となったのである。プルードンの観点では、権力の専横は市場の専横への対抗措置とはなりえず、この二つを一緒に同じエネルギーで闘わせなければならない。

まずもってこの観点によってこそ、プルードン的アナーキズムは反現代的主張と相同的なのである。ルネサンスに始まり一八世紀・一九世紀において顕著になった社会の近代化の過程は、官僚制の複合化、権力の中央集権化、そして経済の独占化の広大な運動から成っていた。マルクスは、平等主義的な意味で、コミュニズムを通した階級闘争を無化してしまうようなこの過程の方向をなんとか変えようとしていたが、近代化そのものとしては認めてはいた。プルードンはと言えば、近代化の過程そのものに根絶すべき悪を見ていたのである。彼は、巨大資本および巨大国家の支配が人間の生活の機械化、存在の空虚、無味乾燥な人間関係に繋がるのではないかと危ぶんでいた。

そのため彼は、地域の連帯の組織網や連合の力を意味あるものにしようとしていた、そうしたものが再び政治を根づかせると同時に、自治に基づいた経済活動の新しい形や労働者各自による生産器具の直接管理を検討するのを可能にするのだと。この相互主義が表わすのは、「自由な様ざまな力同士の間のバランスの取れた組織」であり、「そのそれぞれの中では、同一のサービスの交換において同じ義務を果たし、同じ恩恵を受けるという条件で同一の権利を享受することが保証されている、その結果、平等で自由な組織」(『階級』、一二四頁) がある。注目すべきなのは、プルードンがこのように根源的な自由主義を復権させていることである。というのも、はじめの自由な組織は公平で、公正で、均衡を保っていたからである——その頃は大きな所有物はなく、独立した小さな所有者の集まりにすぎなかった。プルードンは、商取引というよりはむしろ物質主義的な金儲け主義や誰かの手の中で資本が蓄積されることを非難している。

自由主義は、それが村の生活に留まっている限りはなんの問題もない。各人はそれ自体自分自身の主人であった——誰もが誰も搾取することなく、また搾取されることもなく働いていた。すべては技術の発展と社会的環境の高度化とともに変わっていく。都市は膨張し、大規模商業が拡大し、新しい経済が成立する。商取引は今や、需要と供給の法則、競争、独占権の確立、高利、投機等々のように様ざまな複雑なメカニズムを伴っている。富

プルードンは近代化の過程そのものに根絶すべき悪を見ていた。
巨大資本や巨大国家の支配が生活の機械化、存在の空虚、無味乾燥な人間関係に繋がるのではないか。

は集中化し、手工業の工場ないし農場の規模は絶えず拡大し、賃金生活者に助けを求めるのが常態化するまでになる。「細分化された、小規模産業の地方では、それぞれの要求と権利は釣り合っていて、そこから溢れる力は相殺し合う——実を言うとそこでは、（〝資本家の所有〟の意味での）所有は存在していない。その理由は、「他国者の遺産没収権」がほとんど実施されていないからである。労働者の状態は、生命の安全性に関して言えば、彼らの間に平等がある場合を除けばほとんど変わらない」（『所有』、二七五頁）。

それに厳密な意味では、プルードンは平等をではなく、むしろ「公平さ」と呼ぶべきものを擁護している。彼は平等性というものを、各人がまさに同じ能力を意のままにしうるようなある絶対的なものとしてではなく、各人にその労働に比例した収入を保証する公平さの原理として考えている。ところで資本主義とは不均衡の上に立脚するものだ——企業家は資本を蓄積するに応じて指数関数的に財産を獲得し、まったく豊かになり続けながら年金生活を終える。一方、労働者たちの過酷な労働は貧弱な賃金をしかもたらさないのである。

たしかに問題は、少数の持てる者による資産の専有は全体の人口を貧困へと追い詰めていくことだ。しかしながらプルードンは、富の水準を際限もなく高めていくことを毫も目的とはしていなかった。まず何よりも生活上の害悪ゆえに、彼は貧困を激しく非難していた。というのも「貧困はわれわれを貶め、堕落させ、少しずつわれわれをそれに見合ったものにしてしまうからである」(『正義』Ⅰ、二六二頁)。なにも屈辱的なものではない相対的な貧しさに比べて、貧困はわれわれを精神の危機に陥れる。したがって生活の目ざすべき目的は、量的にますます肥大化する財産を蓄えることではなくて、生活感情を質的に高めることだ。この願いには、貧困から抜け出すことが含まれる——必ずしも金持ちになることではなく。

資本家たちに担がれた消費者のイデオロギーに対して、プルードンは生産者のイデオロギーを促進することを選んだ。この過程は労働の重視に支えられているが、それはわれわれが絶えず働かなければならぬことを意味するわけではない——過度な労働は狂信に似て、物質崇拝に至る。働きすぎは間違っているとしても、それでも、生きるために働くことは必要であり、真摯に自分の務めを果たす者は名誉ある責任を示している。ただし、賃金生活者の状態においては、労働はバランスを欠いている。一方で、経営者側の圧力が生産性を高めるためにわれわれを狂気にまで押しやり、他方では、われわれは自分自身のためには働かず、仕事をさぼる傾向がある。どちらの場合も、よくない態度である——働きすぎはよくないが、怠惰もまたしかり！　自由なる現代性は労働者の精神的頽落にまで及んでいる。

われわれはますます消費社会に入り込んでいるが、その論理はまさにプルードンの時代に芽吹き始めていた。そのことにおいてもまた、プルードン主義のアクチュアリティは明らかだ！　今日では男性も女性も、もはや自分自身の生産の主ではない。それは一九世紀よりもさらにひどくなっているが、その訳は、一般化した賃金生活者が財産を自分の思い通りに活用することに不安を覚える消費者になっているからである。職業を通じて自分を開花させる可能性が、われわれにはもはやほとんどない。ひとり消費のみが依然として可能性があるようにわれわれには映っている。われわれの生はすべて消費に帰着している。

自立した生産者の体制においては、労働は質的観点の下に考えられている――人は仕事に意欲をもち、誇れるような財を生産しようとする。消費の体制においては、労働は量的な目的、すなわちできるだけ多くのお金をもたらすことに奉仕する。一旦経営者に服従すれば、われわれにはもはや労働の喜びはない。制作の道具も、使用する方法も、目的あるいは活動の意味も選ばない。物質が、経済的領域から離れている精神に取って代わる――われわれは労働を服従させる代わりに労働に服従する。同時に、健全に導かれていた労働の精神的美徳をわれわれはついに忘却するに至る――「労働はわれわれの身体の維持に必要なばかりではなく、われわれの精神の発達にも欠くべからざるものである。われわれの持っているすべてのもの、われわれの知っているすべてのものは労働に由来する。すべての科学、すべての藝術は、すべての富と同様、労働に負っている。(…)消費の法則がわれわれを侮辱すると思われるのと同じく、労働の法則はわれわれを立ち上がらせる。われわれは精神の生によってのみ生きているのではないが、しかし、労働によってわれわれの実存をますます精神的に高めるのである」(『戦争』、三二七頁)。

消費社会はまたもう一つの犯罪を犯している。すなわちそれは、われわれを個別の存在にしてしまうのだ。だからこそプルードンは、自由な労働者たちの協同性に立脚する連合の理想に高い価値を付与していたのである。賃金労働者が自分の小さな独我論的な水泡の中にそれぞれ閉じこもっている一方で、自律的な労働者たちの規約は効率的に稼ぐために

職業を通じて自分を開花させる可能性が、われわれには殆どない。われわれの生はすべて消費に帰着している。

はほかの労働者たちと協同すべきだと主張する。

政治的領域においても同じように、現代人はその自由を犠牲に供さなければならなかった。中央集権的でジャコバン的な国民国家は、われわれの独立性に介入する。それは中間的集団の大半を破壊し、われわれが原子的存在として生きざるを得ないようにする。君主制国家と同じく共和制国家の下でも、「モナド」すなわちそれ自身のみに属する世界として規定された市民の外ではなにものも存在しない。われわれは、摂理としての国家(神的で超越的な国家の本来の意味で)に服属しているのであり、この国家はあらゆる欲求に応えることを要求し、かつ家族、近隣関係の連帯、共同体、職業団体に取って代わる。今日の国家はもはや、古代ないし中世におけるような共同体間を連合させる調停機関ではない。つまりそれは、すべてに言うべき言葉を持ち、やたらに法律を乱発し、どんな少額の収入からも税を徴収する、優れて官僚主義的な至上の国家となるのである。

したがって、「自由」はもはや、私的な領域で逼塞した、個々の彷徨という形でしか存在しない。「自由とはなにか? 自由には二種類ある——単純には、未開人でも文明人でも、「自分の家にいて、自分のことは自分でする」という自由以外の法を認めぬ場合である。これが複合的になると、生存のために二つないし複数の自由を前提とする場合である。

／未開人的な観点からすれば、自由とは孤立の同義語であり、その行動が他者から最も制限されぬ場合、最も自由な人である。たとえば、すべての地表上にたった一人の個人しか存在しないのであれば、ありうべき至高の自由の観念がもたらされよう。社会的な観点から言えば、自由と連帯は同義語である。すなわち、各人の自由は、他者の自由においてもはや制限されるのではなく、一七九三年の『人間および市民の権利宣言』におけるように、ある補い合うものを見出すのであり、最も自由な人間とは、同胞たちと最も関わり合いを持つ者のことである」（『告白』、二四九頁）。したがって、協同は言わば真の自由の条件である！　われわれが連帯の網の目を広げれば広げるほど、政府筋の管理の大きな抑圧に対してと同様、外的世界の攻撃や大企業資本の略奪に対する抵抗がますます可能になるだろう。こうした連合的絆が、疎外ではなく自由をもたらすのだ。

第四章
各政治体制の悪徳と美徳

プルードンの思想の全体的枠組みが分かった今、彼の政治的思考の詳細を見てみよう。彼はどんな体制を擁護していたのだろうか？　この問いに答えるのは実はかなりむずかしい。というのも、彼自身が生涯を通して悩んでいたからだ。

マルクスが彼を非難するのも、一つにはここにある。このドイツ人は、プルードン主義者および他の「空想的社会主義者」たちが現代の悪に対して具体的な処方箋を提示できないと非難する機会を決して逃さなかった。コミュニズムの発展に刻印を残そうとしていた者にとって、資本主義という問題は明解かつ決定的な解決を必要としたのである。革命はいつか必ず支配階級に対する抑圧された階級の勝利をもたらし数世紀来の闘いに終止符を打つだろう。党《パルタイ》は、歴史的決定論の偉大な書物に組み込まれたこの有益な活動の原動力となるだろう。経済科学はわれわれに解放の手立てを与え、われわれを過てる意識から引き離してくれるだろう。この変化を利用するためには、おそらくプロレタリア独裁を導入しなければならないだろう。しかし、一旦社会を動かす歯車が変われば、国家はおのずから消滅させられ、民衆の意見に席を譲り、それらがあらゆる決定を下すことになろう。人間はもはやお互いの略奪者とはならないだろう。

これら事態の楽天的な陳列を前にして、プルードンはむしろ懐疑的なままだった。彼は奇跡も、メシアも、摂理の人間たちも信じてはいなかった。彼はこの種のことを信じることによって晒されるかもしれない危険を何にもまして用心していた。確かに彼は資本主義をひどく嫌悪していた――人々の間の平等をすべて損ない、あらゆる人々から貧しい実質を略奪した後で特定の人間たちにあまりにも過大に富を与えるこの醜い怪物に対して、断固として闘うことを彼は要求していたのである。同時代の巨大独占企業の出現は、労働者たちからのあさましい搾取をもたらした。しかしプルードンはマルクスとは異なり、政治による疎外も経済による疎外も同じく拒絶した。それは、絶対的権威によって打ちひしがれた人間は常に不幸だからである、たとえそれが経営者の、王の、教皇の、聖職者の、氏族や党の長の気まぐれに、さらには自分が排除されたと感じる多数派の最高決定に直面する場合であろうとも。個人が集団に対する保証をもはや持たず、また集団も中心的権威に対する保証をもはや持たない以上、なにものもその単独性を長く維持することはできないだろう。

一八四六年、マルクスに宛てたきわめて批判的な手紙――それは二人の決裂を言わば決定的にするのだが――の中で、プルードンは思想の自由のための真の擁護を諄々と説いていた。「よろしければ、共に探そうではありませんか。社会の諸法則を、その法則が実現されるような形態を、それに沿ってそれら諸法則が発見できるような進歩を。ただし、あ あどうか、あらゆる先験的な教条主義を解体した後で、今度は自分たちが民衆を教化しようなどとは、考えないようにしようではありませんか。(…)私たちは一つの運動の先頭にいる以上、新たな不寛容を導いてはなりませんし、新たなる宗教の布教者となるべきで

巨大独占企業の出現は、労働者たちからのあさましい搾取をもたらした。しかしプルードンはマルクスとは異なり、政治による疎外も経済による疎外も拒絶した。

はありません。（…）あらゆる抗議を受け入れ、励まそうではありませんか。あらゆる排除、あらゆる神秘主義を、糾弾しようではありませんか。ある問題が用済みであると見なすことは止めようではありませんか。そして、最後の議論まで論じ尽くしたとしても、必要ならば雄弁とイロニーをもって、再び始めようではありませんか。」

一見したところ、プルードンの関心は確かに大方の読者と共通したもののように思える。だがやはり、問題がかなり非現実的になっていることに首をかしげることとなろう。資本主義の廃絶に至るまで社会を改革することは重大な変革を要する。強固な権威の助けに頼らないとすれば、いかにして自由主義経済を抑制する望みがあるのか？　国家の助けを借りずに、あるいは地域集団性の中にすべての資源を共有化すること（のちに誰もがそれを「ソヴィエト」と呼ぶことになる）で、産業および金融の広大な独占体制をいかに破壊しうるのか？　実際には、中央権力を強化することなく経済を改革することは不可能と思われるし、また、経済に自由を与えずに中央権力を廃絶するのも不可能に思われる。人間は、国家の無際限な発展に至る権威を促進するか、または資本の無際限な発展に至る自由を促進するかを覚悟しなければならない。

プルードンはこの二者択一的状況に、生涯を通じて第三項を付け加えようとしている。

彼は、マルクスの冷めた理性が彼に対置するさまざまな異論にもかかわらず、まさに国家権力に制限を加えつつ資本主義を阻止しようとする。この問題に対する解決を、われらが哲学者はその死の二年前、一八六三年に完遂するだろう――それは連合の思想である。

しかしながら、そこに行く前に、分析の基礎を提示することから始めよう。プルードンによれば、政治的秩序は二つの相反する原理に立脚しており、その構成が〈歴史〉の中で続いたさまざまな政体の構造を決定している。すなわち、権威と自由である。これらの力の間に正しい按配ができていなければ、社会の均衡は達成されえないだろう。

まずは、権威の原理。問題は、「家族的、族長的、教導的、君主制的、神権政治的原理に関わるもので、これらは階級制、中央集権化、全体性へ向かう傾向がある」。この原理は自然によって与えられていて、したがってそれは「望み通りに運命的ないし崇高なものである」(『連合』、四五頁)。その活動に抵抗することも、あるいはまたそれが広がるままにすることも可能だが、それを消滅させることはできないだろう。その訳は、権威の原理は人間に根を下ろしており、われわれの要求と性向の一部をなしているからだ。

自由の原理はまさにその正反対である。すなわちそれは、「私的で、個人的で、批判的だ」。それは「分裂の要因」であり、われわれに「精神によって与えられた」ものだ。権威とは反対に、この原理は文化的な性格を帯びている。すなわちそれは、自然の本能的な状態からわれわれを解き放ち、われわれが定められていると思われる宿命性を支配する。「みずからの熱望において無際限の」それは、その反対物のように拡大も制限も可能だが、もはや抑圧された状態でいることはできない（『連合』、四六頁）。

結局のところ、（自然によって与えられた）権威と（文化によって勝ち取られた）自由とはともに必要な二つのものだが、それはこの二つがそれぞれ人間的バランスの様相を満たすものだからである。結果、もっとも権威的な社会においてさえ、一部は自由が留保されており、一方もっとも自由な社会においても、一部は権威が留保されているということになる。この状態は絶対的である。いかなる政治的術策も、これを免れることはできない。

人間の共同体というものは、それぞれこうした原理から再出発し調和のために機能するようにできている。そこにプルードンにとって共同存在そのものの理想形態である四つの異なるタイプの政体が由来している。最初の二つの政体は、権威の原理と権力の専有を特権化する――それらは王制（すなわち「一者による万人の支配」）と共産主義（すなわち「万人による万人の支配」）である。次に、自由の原理と権力の分割を特権化する二つの政体がやって来る――それらは民主主義（すなわち「各人による万人の支配」）と無政府主義、（すなわち「各人による各人の支配」）である。この最初から最後までの四つの政体の間には、最も権威的な政体（王制）から最も自由な政体（無政府主義）への変化が生じているのがわかるだろう。

こうした政体の形態は行動の実態ではなく精神の構造にほかならず、それはプルードンが次のようにきわめて明確に言っているとおりである――「以上が、その原理および形態において、人間の悟性に先験的《ア・プリオリ》に与えられた四つの基本的政体であり、未来のあらゆる政治的構築の資料として役立つものである。だが、何度でも言うが、自由と権利への想いと同時に問題の性質に促されたとはいえ、この四つのタイプは、それ自体としてまたその定めの厳密さからも何らその具体化に向けられたものではない。それらは理想的な概念、抽象的な定式であって、それに従って実際あらゆる政府が経験的にも直観的にも組織されようとするが、その観念自体は現実の状態に変わることはあるまい。現実はその本性上複雑なものであり、単純なことは理想からは抜け出せず、具体的なものには到達しないものだ」（『連合』、六五頁）。

王制はむろん唯一者の統治に対応する。しかしだからといって、それは支配者が単独で統治することを意味するのではない。というのも、彼には助けが必要だからだ。とはいえ、彼が組織する管理はすべて、民衆のためというよりは自分のためにある。「こうした組織においては、唯一の保証は支配者の利益にあり、しかも支配者はおのれの意志以外の掟を知らない」(『連合』、六一頁)。このような政体には、政府と人民の一体性を保証するという絶大な美点があるが、それは相当なものだ。誰もが同じ方向に同じ歩みを進める。しかしその代わりに、もはや誰にも歩みのリズムや目的地を変えることは許されない。政治的環境は仮にそれが安心で保護的なものであっても、急速に抑圧的なものになりうるのだ。「同様に、王制的統治機構は、その側面が慎み深く家族的なものに近づく分だけますます寛大で、精神的で、公正で、受け入れやすく、したがって長持ちするが(…)、またその逆に、この同じ統治機構が、国家が巨大なものになる分だけその臣民には不十分で、抑圧的で、耐えがたく、その結果不安定なものになるという法則を提示しうる」(『連合』、六八頁)。

プルードンはここで、政治哲学の分野で一般に認められている旧来の考えを再び取り上げている。すなわち、真の君主制は大きな統一においてしか存在せず、一方それは地域的なレベルでは幻想でしかないということ。君主制の精神は超越性を糧としており、支配する者は民衆からは分かたれていて、彼自身は権力からは遠ざかっている。ところで、ピラミッドの底辺と頂上の間の相互作用がまったくないのは、ピラミッド自体が相当巨大でなければありえないことである。「歴史にはその記憶――近代の諸世紀はその例を提供している――がいくつも残されているが、この恐るべき君主制、不定形な怪物、政治的に実に化石的な遺物の記憶は、よりすぐれた文明が徐々に消し去っていかねばならない。こうしたあらゆる国家においては、絶対主義は大衆に直接的に比例しており、それ固有の魅力で存続している。しかし小さな国家においては、逆に、暴政は欲得ずくの集団によってしか瞬時も維持されえない。よく見れば、それは消滅していく」（『連合』、六八頁）。

君主制は限定的レベルでは十分許容しうる政体だが、それは、専制的な性格を少しも（あるいはほとんど）持ちえないからである。臣下とその支配者の間が近いことによって、両者の間には一種の共犯性、さらには具体的な相互依存関係が生まれ、これが民主主義と類似したものになる。家族の場合が象徴的である。ルイ・ド・ボナール（一七五四－一八四〇年、フランスの著述家、反革命哲学者、政治家）のように、プルードンはそこに専制君主（父親または家長）に支配されたミニチュアの国家を見ている。ところでこの僭主政治は、支配者が臣下を彼の子どものように扱う瞬間から穏やかな形態をとる――そのような場合には実際、臣下は支配者の子どもなのだから、支配者は臣下たちのことばに心を開き、それらが語り合うに任せるのだ。その代わり、国家が大きくなるにつれ、中央集権化がますます信徒たちの力を遠ざけ、その結果、君主制の災いも、首長と臣下の間の関係の匿名性のゆえに同じように大きくなる。

共産主義は、この場合支配するのが君主ではなく民衆である限りにおいて先の政体とは対立する（もちろん「プロレタリア独裁」は別にして。プルードンは言及していないが、この体制は、カリスマ的指導者と命令下の役人集団という点で君主制と相似的であろう）。にもかかわらず、共産主義と君主制は相似的であって、その理由は、単一者による圧制ではなく多数者による圧制であることを除けば、両者とも万人に対し一様に同じ権威を押しつけるからである。気づかれようが、プルードンは「共産主義」の呼称の下に、高度な中央集権化と警察的管理を伴うすべての民主的政体を包括している。主権共和主義はこの範疇に属するものだが、それはこうした政体が市民の大多数によって民主的に保証された法律を尊重するからであり、この法は領土内の万人にあまねく、いかなる例外もなく適用されるであろう（これには地域的特殊性も例外的状況へのいかなる勘案もない）。

権威に基づいた政体の主要な弊害は、個人に何の責任もないところで人格を蔑ろにするに至ることである。すべては集団性の名の下に負担させられる。そこには地域または個人の資格はなにもない。一般意志の下には、どんな付帯的決議の余地もない。各人はそこに、集団に保護されていると感じる自由、共通の計画の下で作業する自由を得る。だが、内輪や個人で何かをする喜びはもはやない。自分の仕事をするやり方や方向づけや選択の余地はもはやない。すべては、上から（またはグループによって）計画されている。個人および中間体〔たとえば、政党、企業、労働組合…〕は道具でしかない。

権威をさらに強化しようとして、君主制、共産主義、主権共和主義は、市民たちを全般的な意気阻喪状態——公共的状況に関心を失い、みずからを最良の状態にもたらさない——にしてしまう。男性も女性も、誰にも何も頼むことなくすべてを決定しすべてを供給してくれる息苦しい官僚制によって駄目にされてしまう——さもなければ、大洋の真ん中で例えば一滴の水を一般意志に捧げることが最良の状態になってしまう。プルードンは、次のように説明することで、経済生活と対比している。すなわち、生活の諸相においては、

権威に基づいた政体の弊害は、
個人に何の責任もないところで、人格を蔑ろにすることだ。
すべては集団性の名の下に負担させられる。

したがって都市の経済においても労働においても、責任感を持たせることが最大の利益である。だからわれわれは次の二重の原理に従わなければならない——「1／労働者が自由である時、労働の最大の成果が供給され、その最大の価値が生産される。これは企業家および所有者にとっても重要なことである。2／生産物またはサービスの質は、生産者がその分野をよく知りそれに専念するほどますますよくなる」（『連合』、六九頁）。ところで官僚的社会は、もう一度言うが市民が漠然と関わっている一般意志を保証しない限りは、市民に対しては、いかなる政治的自由も、いかなるイニシアチブも、いかなる自律的権限も認めないのである。

評議会的共産主義は、プロレタリア独裁あるいは主権共和主義よりも民主的だが、それらほど君主制的ではない。それは、中央集権的な部分がさほど大きくはないからだろう。つまり、大部分の決議が国家とは独立したローカルな民衆の合議によって担われているからであろう。だが、ジャコバン的な中央集権の問題がすべてを決定するわけではない。同時に、法的な統一主義《ユニタリスム》と法律適用の柔軟性の問題も考慮に入れなければならない。たとえ政治生命の本質が自主管理的な評議会に帰着するとしても、評議会の指令が一領土全体——それがどれほど限定的なものであれ——にヘゲモニー的、画一的、一義的なやり方で適用されるならば、個人はそうした評議会によってまたしても抑圧されることになろう。自由化とは、決議の一体主義《ユナミスム》や部分に対する全体の優位性を再度問題に付すことを意味している。多数派は、その規模がどのようなものであれ、決して専制的になるべきではないし、決議機関は互いにバランスを取るべくできるだけ多様であるべきである。

このことからわれわれは、自由の原理に依拠する政体に導かれる。独裁的な諸政体を研究した後、プルードンは、共産主義の欠陥を免れたと見なされる自由な民主主義（あるいは地方分権化した共和主義）を検討する。決め手になる要素は、選挙ではない、選挙は、「万人による万人の政府」つまりプルードンが「共産主義」と呼ぶものと結合しかねないからだ。民主主義はむしろ「各人による万人の政府」を組織する。市民は、共産主義体制や主権共和主義のように破棄しえぬような一般意志を形成するのではなく、それぞれの違いを尊重しながら生活することを決意した個人の連合を形成するのだ。この体制の基本的要素は分化してあることである。われわれがここに考え、適応し、契約を交わし、少数者に権利を譲ることができるその都度、われわれは、社会体を構成するさまざまな集団ないしは個人の自治を発展させるように努めるのだ。各市民は、法律を作ると同時に執行することで自らに作用される権力の一部を直接に受け入れる——この責任は、法的、警察的、軍事的等々の権力に適用される。

こうした政体の主要な欠点は、それが諸党派や個人の絶えざる反抗・反乱を抱えているということである！　自由やさまざまな安楽さのせいで、集団およびその構成要素は結束が破れ、自分自身のためにしか生きなくなる。あらゆるところに、さまざまな関係を腐敗させる悪しき金儲け主義の精神がはびこるのが見られる。アングロ・サクソン人たちは、一定の統率の下には集合しない特異なヘラジカたちの手綱を急に緩めた時何が起きるかをわれわれに示してくれていた――人格への崇敬は野卑な個人主義に堕し、そこではお互いのためにもはや何も意味することのない「茫漠たる孤独」が表われている（『連合』、一三三頁）。せり出した権力に直面した国民に自治を勧めることは、別の表現をすれば、市民らが根を張っている人間の土壌から彼らを引きはがす恐れがある。そうすると、共有された未来はすべて台無しになってしまうかもしれない。

君主制、共産主義、そして民主主義のあとで、プルードンはかなり簡潔な方法で分類された第四の政体を取り上げる。すなわち、（やはり自主管理［＝自治］と規定された）無政府主義である。これは自由民主主義の先鋭化にほかならない。このような政体においては、もはや権力が存在しないのだから、権力はもう分割される必要はない。各個人は完全に自らの主であり、自分のなすことに責任をもつ。もはや集団の命令に妥協する必要はない。しかし、その代償として、もはや彼自身においてしか、——集団のあらゆる生（あるいは、いずれにせよあらゆる集合的企て）が消滅に向かう限りにおいて、権威はない。

したがって、自由に依拠する政体の限界は明白であり、純粋に自由な体制としてここで理解された無政府主義の極端なバージョンにおいては実を言うと戯画的なものとなる。各人の責任性が仮にその極期に達すれば、それはもはや諸個人においてしか成立しない。連帯の観念そのものが消滅する。プルードン自身は、もう一つ別の政治的組織の必然性を確信している。むろん、アナーキストだ、だが同時に連合的で、相互主義者で、倫理的であれ、と。これにいかにして具体的な形を付与するかという困難さが残されている。

第五章　プルードンのイデオロギー的懐疑主義

政治体制の四つの主なタイプをこうして検討して、どの体制もそれだけでは十分ではないことがわかった。その理由は簡単である。どれも権威ないしは自由を特権化していて、また、多少なりと相互に依存しあっているが、しかし、この二つに同時に依拠することは決してないからである。このアンバランスがある欠如を生み、それが後で埋め合わせを必要とするのだ。「すべての社会秩序が立脚しているこの二つの原理、権威と自由が、一方で相互に対立し常に闘争状態にあり、他方で互いを排除することも和解することもできないのだから、両者間の妥協は不可避である。君主制か民主制か、共産主義か無政府主義か、どの体制が選ばれようと、対立する与件に関して多少なりと重要なバランスの中で支え合う限りにおいてしか、数刻も制度はもたないだろう」（『連合』、六七頁）。したがって、こうした体制の基本的な不十分さの証拠は、時がたつにつれてそれらが互いの反対物に変化していくことである、あたかもそこに自分たちの偏差の処方箋を探すかのように。

君主制は権威に立脚しているが、権力の極端な中央集権化のせいで支配者はその務めの膨大さに茫然とすることになる──「たとえば、権威による政体は、その父性的性格、家庭的風習、絶対的イニシアチブとともに、自分自身の欲求への唯一のエネルギーによって力を得ると想像するのならば、大きな間違いを犯すこととなろう。国家がわずかでも拡大すれば、この尊敬すべき父性は急速に無能、混乱、狂気、圧政へと退化する。王子にはすべてを予見することはできない。だから彼は配下の者たちに頼らざるを得ない──彼を裏切り、簒奪し、信用を失墜させ、考えを惑わせ、彼に取って代わり、ついにはその地位を奪う者たちに」（『連合』、六八頁）。単独で支配することができず、支配者は大勢の役人たちに取り巻かれる。しばらくすると、今度は官僚機構に依拠するようになる。この役人の大群が拡大すればするほど、ますます王はその座を追われぬよう民衆の人気を味方につけねばならない。それゆえ君主たちは、まさに外見上は君主制にとどまりながらも、事実上《デ・ファクト》しばしば民主制に変貌するのである──「その本性の悪徳を予防するべく、君主制政府は多かれ少なかれかなりの程度は自由の形態、とりわけ権力の分立ないしは統治権の分割に応じるに至る。（…）こうして君主たちは、必然的な破滅を逃れるべく、言わば自ら進んで共和主義化するに至るのである」（『連合』、六九頁）。

　君主制とは反対に、民主制は自由に立脚している。しかし、それはまたしても、底辺と頂点の間のパイプ役となる官僚制のおかげで、しばしば権威の政体に変貌する。――「官僚と一緒になって民主制が好きなだけ法的保証や管理手段を増加させようとも、また、諸手続きの担当官を援助し、良かれ悪しかれ絶えず市民たちに選挙、議論、投票を呼び掛けようとも、官僚たちは権威の側の人間であり、その言葉は受け入れられる。そして、この公的人員の中に諸問題の全般的方向性を担う者が一人ないし数人いるならば、その統治上の個人的ないし集団的首長は、ルソー自身が君主と呼んだ者のことである。少しのことで、それは王となるだろう」（『連合』、七一頁）。

　要約しよう。君主政体において、官僚制は王からその権力を取り上げようとするが、このことにより官僚制は選択可能な政府となり、自由の欠如を保護するためにさらに民主制を作り出す。民主制においては、権威の欠如を補うために君主制を作り出しつつそれが徐々に排除するのはまさに民衆である。官僚制が常に政体を変換（さらには転覆）するに至るのは、システムに内在するこの不安定性がまさに政治的組織の全体を崩壊にささげるということである。君主制はそれが嘲弄する自由への絶えざる呼びかけに屈服し、民主制はそれが否定する権威への絶えざる要請に屈服する。

こうして、あらゆる政体の中で、民主制は依然としてもっとも脆弱なままである。この政治形態は民衆に多くを求めるが、また民衆に大きな責任を与えてもいる。だが民衆はその代わりにこの政体を愛することはめったになく、それよりも権威的政体を選び取る――「自由なあるいは民主的な政府の組織は、君主制政府のそれよりも複雑、巧妙で、その振る舞いは実直であまり目を引くものではない。つまり結果として、あまり民衆的ではない。自由な政府の形態は、ほぼ常に大衆には貴族政治として受け止められていたのであり、彼らはそれよりも君主制の絶対主義のほうを選んだ。ここに、進歩側の人間が長いこと付き纏われ、また今後とも付き纏われるであろう悪循環が由来する」（『連合』、六四頁）。共和主義者たちは、大衆の命運の向上のために自由と保証を求め、その目的に達するべく民衆を頼みとするにちがいない。しかし、驚くべきことだが、まさにその同じ民衆が、民主主義的形態への不信ないし無関心から、決定的に自由への障害となるのである。

明らかにプルードンは、このありように実際、当惑している。生涯を通じて、彼は自らが激しく嫌悪する独裁主義に抗して自由民主主義とアナーキズムの原理を促進するべく闘った。彼は心ならずも認めるのだが、この上なく自由な政体ですら独裁的になりがちであり、かてて加えて他ならぬ民衆がその動きの先兵となるのだ――一方、逆に君主制は、自分たちの富をこの上なく享受するべく権力から解放されんとするブルジョワジーに導かれ自由への道を開くというのに！　反資本主義のアナーキストたるプルードンは、とうとう、この上なく保守的な思想を好意的に見なすにいたる、それが優れていると考えるからではなく、一部の正当性を理解するがゆえに。

どの政体をも反転させる何という奇妙な逆説か！　君主制は一定の時間が経つと、良かれ悪しかれ議会主義的になることによってしか存続しえず、また、自由民主主義は、純粋で単純な無能さに陥らぬためには、（首相ないしは大統領という最高の管理者によって指導される多少なりと選挙による寡頭政治の形の下に）単独で統治するに至る役人たちの官

この上なく自由な政体ですら独裁的になりがちであり、加えて他ならぬ民衆がその動きの先兵となるのだ。

僚制的カーストを作り出さねばならない。様ざまな階級それ自体は、この予期しえぬ反転に一役買い、先験的《ア・プリオリ》に自分たちの利害には正反対と思われる立場を支持する——「権力を行使できず、権力の条件にもまずもって無知な民主主義は、みずからの勝利を確かなものにするために絶対的な首長をみずからに与えるのだが、その前ではカーストのあらゆる特権が消え去ってしまう。また、アナーキズムと同じくらいに専制主義も恐れるブルジョワジーは、立憲王政の設立によって自らの位置を強化するほうを選ぶ」（『連合』、七二頁）。要するに、民主主義を絶対主義に変えるのが民衆の選択であり、君主制を自由な議会に変えるのが特権者の選択である。

しかし、こうした反転からは何らいいものは生まれない。君主制が立憲的になろうと、民主制が独裁的になろうと、政治的生命はほとんど回復されはしない、こうした持続的展開や絶えざる再適合が制度へのある種の持続性を保証することはあるが。民主制の国家的硬直化から来る民主制的絶対主義は、とりわけ危険な政体となる——それは「退行的で、歯止めが利かず、原則もなく、法を蔑ろにし、自由に敵対し、あらゆる安全と信用を破壊する」（『連合』、八七頁）。権力はあまりにも巨大な特権をほしいままにし、気分の止めどない変動に左右される。それは民衆に盲従した、制裁と無思慮の政府である。逆に、ブルジョワ的立憲主義は、あまりにも優柔不断で偽善的であるという欠陥がある。つまりそれは、改革に際しての無能さと厳格さの欠如において腐敗する。それは金持ちと持てる者に盲従した営利主義の政府である――「立憲的体制は、その法律的態度、法律家的精神、抑制的な気質、議会的な物々しさとともに、搾取と陰謀の広大なシステムとして（…）くっきり際立っており、そこでは政治は投機売買に執着し、税金はカースト制度の市民的リストにほかならず、独占的権力は独占権を補助するものにほかならない」（『連合』、八七頁）。

どの政体もその力だけでは社会のバランスを保つことができないことから、われわれは精神のさらに大きな開放に導かれるはずである。プルードンは寛容の思想に対して著しい価値を認めるのだが、それは彼によれば政治的思考の中心軸《ピボット》となるものである。それは、平板な相対主義ないしは相違点の生ぬるい受容という骨抜きの意味ではなく、論争と矛盾への哲学的開放という意味においてである――「一種の苛立ちを覚えることなく自分とは反対の意見に耳を貸すことのできない狂信的な人々の不寛容さを和らげるものが、そこにはある。（…）依然として次のことは疑いがない。すなわち、民主制はユニテリアン派[*1]

＊1　ユニテリアン派　キリスト教正統派の三位一体（父と子と聖霊）の教義を否定し、神の唯一性を強調する。イエス・キリストの神としての超越性は否定している。

の思想同様、王朝派の思想も嫌悪しているわけではなく、この二つの体制の信奉者にはお互いを追放する権利はないということ、そして、両者の間には互いに寛容さが課せられているということである」(『連合』、七二頁)。

第六章

極端さのバランス

この厄介なジレンマをいかに解決すべきか？　いかなる政体もわれわれの期待にそぐわぬ以上、どんな解決を考えるべきか？　権威と自由という相反する極性の還元不能性に直面して、われわれは――とプルードンは答える――いずれかを特権化することも、第三の統一性においてそれらを止揚する（この点に関してマルクスに多大の影響を及ぼしたヘーゲルのように）ことを、子供みたいにまた幻のように追い求めることもできない。むしろ、その矛盾を調整する、つまり両者のバランスを取ることに努めなければならない。

人間には、生を困難にする二律背反的な、相反する願望が存在する。われわれは同時にあることとその反対物を欲望し、それゆえ十全に満たされることがない。ユートピアを作る者は、存在の悲劇的性格を否定するがゆえに危険である。事実、誰もが幸せな宝の国の誕生をわれわれは決して見ることはあるまい。それを認めることが、この喪失の小道から出る第一歩である。なぜと言うに、理想的な社会を夢見ていては、悪夢の王国しか決して作ることはなく、「明るい未来」はわけても圧制者の繁栄を約束するからである。

現代の哲学者たちは、依然として範疇化の趣味に囚われたままなのだ。われわれは是が非でも、こうした区分けの中に生を入り込ませ、それらの間の制度やら体制を対立させ、「善」と「悪」とを指し示したいのだ、あたかもそれらが互いに見るべき何ものもなく、結合しえぬものであるかのように。われわれが慣れ親しんでいるあらゆる政治的範疇はあまりにも硬直している。アリストテレスは、古代《アルカイック》のギリシャ思想の影響を依然として受けていたにもかかわらず、生成《ドゥヴニール》の本質主義化にますます頼ることによってその思想の精神を歪める手助けをしてしまった。彼は生成の絶えず揺れ動いてやまぬ異質なありようを見る代わりに、その固定的で同質的なありようをあまりにも特権化しすぎている。そしてまさにそのことが、「包含された第三項」〔フランスの哲学者ステファヌ・ルパスコ[*1]が提唱した概念で、古典論の二分法や非対称性に代わるもの。対立する二つの要素が同時に存在し、その間にある第三の要素が両者を統合するという思想〕の原理、換言すれば、物事はまったく真実でもないし、まったく虚偽でもないという事実を彼に拒否させてしまうのである。アリストテレス以来、西欧は真実と誤りという表現でドグマについて思考しているが、そうではなく、ぎりぎりの表現で微妙な差異や近似的なものについて思考すべきなのだ。アリストテレス主義以降、思考は中世のスコラ哲学、次いでデカルト主義の影響下に依然としてひどく硬直したままだ。われわれの現在の不幸はそこに由来する――世界は自らの矛盾を糧としており、もしわれわれがあまりに単純化された論理に固執するならば、現実に真に

世界は自らの矛盾を糧としており、
われわれがあまりに単純化された論理に固執するならば、
現実に真に向き合うことは決してないだろう。

＊1　ステファヌ・ルパスコ（一九〇〇－一九八八年）ルーマニアの哲学者。非アリストテレス論理学を展開。「二〇世紀のデカルト、ライプニッツ、ヘーゲル、クロード・ベルナール」などと様ざまに呼ばれた。難解をもって知られる。ティボー・イザベルの本書を書評したアラン・サンタクルー（Alain Santacreu）は次のような意味のことを言っている。「ルパスコが二〇世紀後半に展開した『矛盾の動的論理』とプルードン思想との親近性を示す根本的事実に照らして、プルードンの著作を読み直すべきだろう」（二〇一七年六月二八日、La Nouvelle Revue Contrelittérature）。

向き合うことは決してないだろう。われわれに社会を改革することを可能にする鍵は見出せないだろう。それだからこそプルードンは、「対立する者を対話させる技術」としての「弁証法」に関する独自の構想を展開しようと決意するのである――この哲学者は現実のさまざまな矛盾を検討しようとするが、それはその矛盾をさらに受け止め、それをわれわれの政治的選択の中に組み込むためである。マルクスとはなおのことだがヘーゲルとは逆に、プルードンは、進歩への直線的運動の終わりに歴史に生起した諸矛盾を止揚することは求めない。彼の願望はもっと慎ましいものである。すなわち彼は、われわれの欲望や欲求がさまざまに矛盾しているにもかかわらず、われわれが快く感じられるように社会の枠組みを調整しようとするのだ。

念入りに作り上げられるさまざまな政体は、そこでは「理性と正義が不完全な満足しか得られない」「仮の構築物」（『連合』、六五頁）としてしか決して見なされないだろう。しかし、われわれの硬直した考えや衝動的な性格のせいで、われわれはきわめて一面的な判断に基づいた片偏頗な行動を取るようになってしまい、それがわれわれの現状に齟齬を来したり状況を覆い隠したりする。黒と白の間で、われわれはその中間地帯を見るのを拒んでしまう。そうして、先験的かつ徹底的に自分たちに反対なものに対立することを求める排他的な原理を作動させ、不都合な政治的概念に固執する。すべてこうした「過てる組織」（君主制、民主制、等々）は、不完全な与件に基づいていて、違いは「ただ利害、偏見、因習のみ」による。その不完全さのせいで不満足を生み、人々を不幸にする。すると、そうした人々はわれわれの複雑な願望を裏切り、われわれの間に悪しき形の闘いを掻き立てる。その闘いは、対話による交換に依拠するものではなく、自分は正しいとする確信や他者に独りよがりのドグマを押しつけたいという願望によるものなのだ。

どの政体もそれ自体としてはおさまりが悪いが、それは自ら矛盾しているからだ。言い換えれば、現実の一面をしか見ておらず、もう一つの面は忘れられ、それはすべてが終わるまで無為のまま打ち捨てられるのだ。それゆえおよそ政体というものは、その不安定さを前にして、しばらくの後、その反対の政体に転化するものだ、何のいいこともそこから生じることなく——。個人にその位置をすべて認める自由な政体は、共同体ないしは国家に社会の広大な部分の行動の自由を与えるに至るし、国家的団結を特権化する専制的政体は、個人的および共同体的行動の下に内破するに至る。特権化する審級が何であれ（下は個人、中は共同体、上は国家）、その審級の役割を委ねなければ他の審級を裏切ることになるだろう。つまり、個人には自由が必要だが、個人はまた秩序を守るために国家を、そして両者間の調和のとれた仲介のために共同体（または仲介する団体）を必要とする。

では、この狂った過程が続く限り、われわれは何を望みうるのか？「歴史が答えるためにそこにいる。例は無数にある。この禁じられたシステムには、忘れっぽいが絶えず若返る世代の動きのおかげで、新たな和解が続くだろう。そしてそれは、同じ運命を提供するだろう、つまり、今度は自分が使い古され、矛盾した考えのため辱められ、同じ結末を迎えるだろう。そしてそのことは、普遍的理性が、この二つの原理を支配しかつその対立関係のまさに調整によって社会のバランスを取る方法を見出すまで続くことだろう」（『連合』、八八頁）。

プルードンが衷心より必要とするこの調整する観念とは何か？　それはまさに言葉の本来の意味での正義＝公正 justice である（というのは、「juste」とはラテン語で「aequus」であり、それは同時に「均衡（バランス）équilibe」と「公平 équité」を意味するからである）。同時代のブルジョワの意味する「中庸」juste milieu とは対照的に、古代の「中庸」juste milieu は相反する極性の調和的和解にある。世界は矛盾に満ちている――真の節度とは、それ自身第三の過激主義（「中庸の過激主義」）でしかないような道を採用することによって、過激なものとの距離を独断的に採るのではなくて、意思表明活動の全き多様性において現実のあらゆる要因を受け止めることにある。

もっと具体的に言えば、制度的諸問題に関して公正な節度とは、たとえば自由民主主義か主権共和主義のような中間的政体を無政府主義か絶対的君主制のような過激主義的な政体よりも特権化するように、より過激なシステムを排除し続けることによって真ん中のシステムを選択することに帰着するのではない。つまり、それぞれの乗り越えがたい違いを尊重しつつ、すべてのシステムを一つに統合するのを推奨するのが知恵というものだ。もう一つの誤りは、お互いの間に真の対話を築くことなくして極端なものを同居させることだろう。プルードンが「折衷主義」と呼ぶものがまさにそれだ（『貧困』I、三一〇頁）。つまりその場合、二つの分銅のように平衡を保つ調和の原理によって反対物を調整するのではなく、折衷主義はそれらを並置し、それぞれを各自身に委ね、それらをどうしようもなく闘争状態にする。ある種の領域では、個人が力を持ち得るだろうが（たとえば、経済

世界は矛盾に満ちている――
真の節度とは、意思表明活動の全き多様性において
現実のあらゆる要因を受け止めることにある。

の分野)、一方、ほかのところでは(たとえば政治)、それは共同体か国家ということになるだろう。反対に、個人、共同体、国家が、何の領域ででではあれお互いに節度を守るために言うべき言葉を持っているのはいいことだ。それぞれには、考えられる権力規模に応じた特質がある。しかしこの相互作用はいつも変わらない。

まさにこの理由で、プルードンは現代の選挙ゲームを非難するのであり、それは、一見対立しているようだがその実本質的なところ、すなわち体制と現状《スタテュ・クオ》の永続化に関しては一致している諸党派の権力を引き継ぐものなのだ。唯一、権威かそれとも自由かの価値に関する執着のみが彼ら党派を分かつ。しかし、そのほかに関しては彼らはみな一致する。一方で、われらが統治者は風紀警察編成の安全面の観点から国家の権限の強化を推奨し、他方で彼らは、金融面での金銭欲の増殖はほったらかしである。経済によって国家を、そして国家によって経済を抑制するのではなく、彼らは国家をその領分においてまったく自由に、経済をその領分においてまったく自由にほおっておく。「このシステムは本質的な特性として(…)政府中心であり、(それに対応して)経済的には無政府状態であって、それは自由の名の下に、一七八九年以来新たなカースト制度がそれによって存続している簒奪、独占、寄生、投機売買、暴利を覆い隠している」(『階級』、二四一頁)。国家は一つのリヴァイアサンと化し、社会に重くのしかかるが、その間、経済はわれわれのうちにさらに物質主義的なものを掻き立てる。これは建設的な力学の方向での作用ではない。というのも、この二つの過度なありさまを並べてみても、とても均衡には達しえないからだ！「ブルジョワ的秩序を構成する君主制的な権威と資本主義的かつ金儲け主義的な無政府状態のこの奇妙な組み合わせにおいては、権力への抵抗は、何ら偶然的な抗議としてではなく、今度はシステムを補完・統合する部分として立ち現れる。（…）それは政府へのアンチテーゼではあるが、しかし決して政府の敵ではない」（『階級』、二四一頁）。

あらゆるシステムの欠陥を糾合したこの不安定で偽善的な政体に直面して、プルードンはさらに大胆な政治的変化に訴える——確かに、過激主義の時代には、本当の穏健さは否応なしに急進的な外観をとるものである。しかしこの急進的な観点は、それが人間に関する明晰なヴィジョンに支えられている限りでしか意味を持つまい。誰もが、融和と自治、統一と多様性、平和と戦争を同時に望む。仮にある個人からその一部を取り出し、その基本的性向の一つを押さえつけようとするならば、それは危険で病的な形で再浮上することだろう。誰であれ人から自由を奪ってみたまえ、すると彼は絶対自由主義者に、気まぐれに、どんな規律にも反抗的になるだろう。また誰であれ人から権威を奪ってみたまえ、すると彼は権威主義者に、統制主義者に、どんな仲裁にも同意しないことだろう。政治生活においてであれ、経済生活あるいはほかの生活においてであれ、ある個人ないし集団が自由ないし権威から断ち切られるたびごとに、それは力を失う。それゆえ常に同時に二つのことが、互いに規制され合うことが必要なのだ。

まさにこの奇跡をこそ連合の思想が実現しようとするものであり、プルードンは最終的にこの思想に到達した！　この連合は、その基盤で繫栄する市民から始まって共通の地平を約す権力の最高の領域に至るまで切れ目なく続く各層によって発展される。人間的性質のあらゆる構成要素は最適な形で満たされている。連合はもはや権力を――その発現形態が個人、地方共同体、国家となんであれ――至高のものとは見なさない。連合はむしろ権力のあらゆる階梯を、われわれ自身の内部および政治生活の中で表される相反する極性を調整する目的の下に、組み合わせるのである。

一方で、われわれは秩序を望み、他方で、無秩序を好む。二元論的な論理の枠組みでは、このジレンマからの逃げ道は見つからない。集団の重要性を強化するとしよう、するとわれわれは中央権力を拡大する。個人の重要性を強化するとしよう、するとわれわれは自由放任《レッセ・フェール》を拡大する。潜在的に全体主義的である調停的な中央集権主義には、潜在的に兄弟殺しである開放的な自由主義が対置される。反対に、連合主義の党派は、規律と快楽の、厳格性と自発性の、連帯と自立の、団結と多様性の同時的要求をすべてにおいて引き受けようとするだろうが、それは、党派的視点を拒絶するためではなく（というのも思考はすべての根拠とすべての内実を失うだろうから）、各陣営における価値あるものを引き受けるためである。それゆえ、純粋に伝統主義者でも、純粋に進歩主義者でもなく、同時にその両方であるべきなのであって、それは両方とも必要だからである。権威は「退行的原理」を代表し、自由は「進歩的原理」を代表する（『連合』、九七頁）。こうした徳のそれぞれには存在する理由があり、連合的システムの中に自らの反対物と共存を可能にする枠組みを見出す。「こうして社会は（…）二つの大きな部分に分かたれる——一つは本質的に階級的な伝統的部分であり、もう一つは（…）本質的に無政府主義的な（…）、つまり神的・人間的なあらゆる権威に反逆的だと宣言する部分、すなわち社会主義である。ところで

連合主義とは、他のすべての政体に敵対したり乗り越えんとするものではない。それは相互にさまざまな政体の均衡を保つものである。

(…)真実は、相反するものの一方の排除にではなく、もっぱらこの二つのものの両立にこそあるのだ」(『貧困』I、四六頁)。

人間は自らに固有な欲望とともに個人であると言うのは正しい。それはちょうど、彼は地域共同体に深く根を下ろしている、彼はある国に、そしてある大陸に属している、彼は世界全体とつながりがある、と言うのが正しいのと同じことだ。主体として、彼は自由であろうとする、そしてある集団の一員として、彼は自らの共同体が上に覆いかぶさった権威に直面しても自由であることを熱望する。しかし、全体的な権威がなければ、個人も中間の集団も無秩序の中に陥ってしまうかもしれない。この二つの願望をできるだけ発展させる唯一の方法は、それらを連合させることにある。各人はある程度までは自律的だが、政府の上層段階とは妥協しなければならない。個人、中間の集団、国家は互いに釣り合いを取る。個人主義、地方主義、愛国主義、国際主義を両立させることは、連合主義者であることに帰着するが、つまりそれは、相反する観点すべて——たとえそれらがこの現実の限られた一部をしか引き受けていないとしても現実への多少なりと正しい視線を注いでいるもの——を調和させることを望むことである。

まさにこの意味で、連合的政体は「完全」(アレクサンドル・マルク〔一九〇四-

二〇〇〇年、フランスの作家・哲学者。個人主義、連合主義、共同体主義的思考の創始者とされる」によって普及した用語によれば）だと言いうる。連合主義とは、他のすべての政体に敵対するものでも、他のすべての政体を廃絶することによってそれらを乗り越えんとするような政体を意味するのでもない。それはむしろ、相互にさまざまな政体の均衡を保つものである。それは、融合するのではなく相互に作用しあう相反するすべての政体を全体的に統合化するのだ。人間はもはや、破壊的なやり方でいずれか一方の言葉や矛盾を押しつぶすために引き裂き合うことはない。彼らは創造的なやり方で、最も良い共通の未来に出会うべく論争し討議する。対抗関係が消えたわけではないが、それは成熟した豊かなものになっている。排除しあうのではなく、開放する。自分の殻に閉じこもるのではなくて、自らを開く。そうやって、「われわれの想像力が断絶を生んでいた党派間のあらゆる分裂が、解決不能と思われた意見のあらゆる対立が、処置なしと思われた財産上の反目のすべてが、連合政府理論においていつの日か決定的な解決を見ることだろう」（『連合』、四七頁）。

第七章

完全な連合主義

プルードンの精神において、連合とは一体何なのか？　仮に連合主義者が〈一者〉と〈多者〉の同盟を願うのならば、彼はまず第一に個人的、同業組合的、地域的自由の尊重を保証しなければならない。この保証は明らかに表現の全体的自由を含むものである。すなわち、あらゆる政治警察を廃止するために、出版を、討論会を、組合《アソシアシオン》を、集会を自由にすることが重要だ。「宗教的プロパガンダを、聖職者の動揺を、神秘主義の連鎖を、会派の感化を恐れることは何もない。教会は世論のように、信仰のように自由であれ——契約は侵害の恐れなく教会に自由を保証する」（『連合』、一七三頁）。

だが、共通の行動や連帯がなければ期待を裏切るようになってしまうかもしれないこうした個人主義的な無政府状態にとどまることはできない。それゆえ、連合主義者は同時に直接民主主義を促進しなければならないのであって、この民主主義は、政治に関わる各市民の個人的表現を根本から可能にし、地方議会を通じて近隣の共同体生活の再生を確かなものにするのである。投票に訴えるのはいつも最後の手段でしかない――その危険は、民衆が選挙による多数派の名の下に自分自身の専制君主になりかねないほど大きいからである。それでも投票が、市民が「三年か四年ごとに自分たちの首長か代表者を選ぶ」（『告白』、二二九頁）ことだけで代表制民主主義をすますならば、われわれはますます危険なことになる。直接民主主義では論議しあうことが基調であり、この民主主義の形態は、決議の元となる広範な多様性を保証する（区域、組合、協同組合のような）限定的で定着した枠組みの形でとりわけ規定されている。

依然として重要なのは、共同体ないし公共的な絶対権力に対する防波堤を築くことである。すなわち、集団および国家の特権の限界を通して個人に認められた訴訟手続き上の具体的な制度的保証が、民主主義が多数派の横暴に堕さないようにというよりは、各人に与えられた和解および例外として機能しなければならないからである。コミューンは、相互扶助領域のためにほぼすべての実施機能を担わなければならないし、経済的、法的、教育的等の領域間の権能の分割によって、社会組織を率いる個人および支配的集団のヘゲモニーは防御されるだろう。同業組合、司法組合、教員組合は、自分たちを中央権力の支配から守る自治の重要な部分を所有するだろうが、同様に、企業主たち、判事たち、教授たちも、自分たちをその同業組合の支配から守る自治の重要な部分をやはり所有するだろう。こうしたことによって、「あの匿名の圧制を永遠に承認することになってしまうように組織された普通選挙」が最終的に「有能な市民、独立心に富み疑念を表明する、当然ながら少数の人々に対する、凡庸で無能ですらある、常に多数の者どもによる覇権」(『階級』、五頁)に行き着くことが回避されるだろう。実を言えば、多元主義の擁護はプルードンにおいて二重の目的に対する答えである。すなわち、責任感および自治の原理を通して市民の活力を確保すること、それと同時にまた、そうしなければ大衆によって迫害されてしまうかもしれないような、最も知的で最も自発的な人間の自由を保障することである。

投票に訴えるのはいつも最後の手段だ——
その危険は、民衆が選挙による多数派の名の下に
自分自身の専制君主になりかねないほど大きいからである。

ご覧のように、地域民主主義には担うべき重要な役割がある。しかしそれだけでは十分ではないのであって、というのも、民衆の統一性にはさらに大きな階梯の紐帯が必要だからである。したがって連合主義者は、国家がさまざまな類似した共同体（地区、市町村、小教区、同業組合、または諸団体）を連合させるよう、同様にまた、そうした共同体が諸個人を連合させるよう働きかけなければならない。こうした枠組みにおいては代表制民主主義は再び無視できないものになるのであって、それは、国家的ないし大陸的な問題に関しては民衆に直接、常同的に諮ることが困難だからである。念のため、もしその代表者が義務に背いた場合には彼らを罷免する権利を民衆に与える権限を課すことも重要となろう。プルードンがその短い政治的生涯で闘ったのはこうした要求である。

しかしだからといって、この哲学者が選挙制度を嫌悪していたことを忘れるべきではない。彼の最晩年、彼は王国という観念にむしろ親和的ですらあった。それが連合の台座と堅固な制度的法に支えられるという条件でなら、安定した政体と必ずしも両立不能ではないと彼には思われていたのである。エドゥアール・ベルト〔一八七五–一九三九年、革命的サンディカリスムの理論家。ジョルジュ・ソレルの忠実な弟子〕のように、彼の弟子たちの何人かがある時期に王党派サークルに共感を抱いていた――そのような接近が陣営の各人にとって不満なことが急速に明らかになったとはいえ――のは驚くべきことではない。代表選挙を下支えする不毛な党派的分裂をプルードンは嫌っていた。連合の上位段階〔それは「王国」ないし「帝国」と呼ばれるだろう〕では、象徴的統一性が優位に立つ。王ないし皇帝は最高でも小さな政治的役割しか持ちえないように、中央権力の特権はみだりに拡大すべきではない。しかし、それにもかかわらず統一性はそれが関わる限定的領域ではそれなりの意味と必然性があり、そのレベルでは、自由かつオープンに表現されてよい理由がある。

この統一性を保証するものが選挙によるよりも世襲によることに、プルードンは必ずしも反対ではなかったようである。いずれにせよ彼の考えは、共和国に賛成するにせよ王国に反対するにせよ、論点先取の虚偽〔論証すべきものを真の命題と見なして前提にすること〕を犯してはいない。これは、「アナーキズム」という言葉を発明した男にしては一見して奇妙に思われる。パスカルの有名な考え方が支持しているように、世襲とはおそらく最も異論を引き起こすことのない言い方である――「最大の災いは内乱である。／値うちに応じて報いようとすれば、内乱は必至である。なぜなら、だれでも値うちがあると言うだろうから。世襲の権利によって相続する愚か者について恐れなければならない災いは、それほど大きくもないし、それほど必至でもない」(『パンセ』ブランシュヴィック版三一三頁〔前田陽一・由木康訳〕)。根本的に連合的気質のギリシャ人はその執政官を任命するのにくじ引きに訴え、王の任期には予め決められた期間を定めた。しかしその精神はほぼ変わらなかった。民主制、貴族政体、君主制を組み合わせた混合政体の古典的で保守的な擁護は、おそらく結局のところ諸権力の節度ある均衡に依存するものとなろう、ちょうど補完性原理[*1]を通した個人、地域、国、大陸、そして地球の連合的和解=調停が節度あるものであるように。

＊1　補完性原理(principle of subsidiarity)これはヨーロッパ共同体(EC)と加盟各国の原理として採用されたことで注目された原則である。小さい単位で可能な決定や自治は出来るだけそこで行ない、それが不可能なケースのみを大きな単位の団体・組織で補完していくという考え方。中央集権状態を見直し、地域社会(個人および個人からなる小グループ、家族、教会、ボランティア等)を見直す動きと関連している。ＥＣ条約第五条第二項参照。

第八章
個人、コミューン、国家

連合システムのために論じておくべきことが、もう一つある。それは、このシステムが市民たちにおいて感情の緩和を促進させる作用があるということだ。連合化することは、民衆の衝動的感情を抑圧することなく調整する。つまりそれは、権力のさまざまな段階に分散してロシアのマトリョーシカみたいに入れ子状になった諸手続きの複合した政体を打ち立てるのである。この錯綜した状態のおかげで、市民の意思のあまりにも衝動的で粗暴な表現はすべて禁じられる。それによって、デマゴギーの制御の利かない発露は突然打ち切られるのだ――「それは資本の併合に関してと同じように、公共広場体制の終わりであり、護民官の勝利の終わりだ。パリがその壁の内側で何度革命を起こそうと、リヨンが、マルセイユが、トゥールーズが、ボルドー、ナント、ルーアン、リール、ストラスブール、ディジョン等々が、その区域の首長たちが続かなければ何になるというのか？　パリは無駄骨を折ることになるだろう……このように連合化は民衆の救いとなる。というのは、それは民衆を分割しつつ、同時に民衆をその指導者の圧制からも、それ自身の狂気からも救うのだから」（『連合』、一四六頁）。

加えて、連合化することによって地政学的な意味で外部に加えられる暴力的衝動も抑えられる。君主制および共和制は普遍主義的な主張へのメシア的夢想を伴っているがゆえに領土拡張主義的だが、一方、連合は防衛的である──「自国防衛が極めて容易な（スイスはそのことを示している）連合は、征服のための軍備はないままである。隣国が条約に加盟するのを望むような極めて稀なケースを別にすれば、自らが存在するという事実によって連合は拡大を自らに禁じていると言える」（『連合』、一二九頁）。この分析は容易に証明される。連合の各構成国に認められた自治によって、侵略に対する同盟は容易に同意されるが、隣国を侵略しようとする場合には同意は不可である。連合政府は外交的役割を引き受け、必要に応じて軍事的手段を講じるが、望む時には解除に同意する資格のある契約者の一般的合意に基づいてのみ、そうした権限を承認するものだ。攻撃的な帝国主義は強力な中央政府の場合にしかありえず、権力が分割されている場合は不可能である。

決定的な問題がまだ残っている。すなわち、この権力の連合的分散はいかに組織されるべきか？　連合システムにおいては、下位の段階の権力の代表を任命するのは国家ではなくて、国家に対して契約によって権力の代表を任命するのは市民である。地方分権化された統一国家と連合的国家との違いは、権力の原因に左右される。地方分権化された国家では、権力は法律を通して国家によって各地域に委任される（したがって国家は理論的にはその貸金を再び受け取ることができる）。連合的国家においては、中央権力は下部組織の特権を容認し、憲法に支えられていることが明らかになる。

この考えを確立するべく、プルードンは連合の契約を促進するが、それは国家よりは市民を、中央権力よりは市町村や地方の権力を常に留保するものである。まさにこの契約によって、市民の間から市民の、市民からコミューンの、コミューンから地域の、地域から連合へと、代表団が組織される。大事なことは、こうした契約が新たな圧政にならぬよう、それらが絶えず修正可能であり、各所の常に管理下にあり、期限が来たら直ちに確実に破棄しうるものでなければならぬということである。

連合の観念と契約の観念の間には、根源的で語源的ですらある関係が存在する。ラテン語 foedus（契約）に由来する「連合 fédération」という語は、「協定、契約、条約、約束事、同盟（結合）」を意味する。それはある合意によって、「一人または複数の家長、一つまたは複数のコミューン、一つまたは複数のコミューンの集団か国家が、相互にそして平等に、お互いに、一つまたは複数の特別な目的の義務を負い、その責任は連盟の代表者たちに特別かつ排他的に負わされる」（『連合』、一〇五頁）というものである。この連合的契約は、それを通して社会すなわち他者たちのさ中において生きることを個人が突然受け入れることになるようなルソー的社会契約ではない。プルードンにとって人間は生まれつき社会秩序の中に刻み込まれており、したがって権威は自然的原理を構成するが、一方、自由は文化的原理である。反省されたあらゆる発話行動以前の自然状態において、人間はその共同体の中に捉われている。そしてまさに文化によって自由へと至るのだ。連合的契約は共同体の中にわれわれを組み込む法的枠組みではなく、個人とその所属する共同体の間の相互作用を調整する法的枠組みなのである。この契約は、共同体から個人を、国家から共同体を保護するが、それは、外部の侵害から個人的かつ地域的自由を守るためであるとともにまた、極端な形で自治のさまざまな領域が縮小しないよう、ますます拡大するアソシアシオンを平穏理に保つためでもある。言い換えれば、この契約は共同体の外に個人の呰を保証するのが目的ではない。つまり、むしろそれは、あらゆる市民がその責任に関して必要以上に委任することなく中間団体および国家に連合することを可能にする。この契約主義は、脅かされているとこれ以上感じる必要のない、統一性による多数派の独占、すなわち各区域による全体の純粋で単純な拒絶の誘惑に対する保証を形成する。「社会秩序の異常ないし混乱は、その諸原理の対立から生じる。それは、諸原理がもはや妨げにならないように調整されれば消失することだろう。二つの力のバランスを取ること、それはお互いに敬意を保ちつつ両者を合意させる法の下にこの二つを従わせることである。この新たな要素、権威と自由よりも上位にあり、その互いの合意によりシステムの主調となるこの要素を、われわれにもたらすものは何か？　それはこの契約である、これを維持するものは、二つの拮抗する力を認め、そして等しく両者を必要とするこの契約である」（『連合』、一一四頁）。

連合的契約は共同体の中にわれわれを組み込むのではなく、個人とその所属する共同体の間の相互作用を調整する法的枠組みである。

この契約のおかげで、（当初はみずからに閉鎖的で、抑圧的で人を疎外するような）共同体がその機能の仕方を変える。それは統合はするが、もはや同化はしない。これは、プルードンが言わば契約下の共同体にほかならぬコミューンに強く執着した理由を説明するものである。連合システムにおいては、各個人または各中間集団は、上位の段階にその自由の一部のみを譲渡する。連合の権限はコミューンまたは地域の権限を越えることはできないが、それは後者が市民の権限を越えることができないのと同様である。「それが違う形になれば、コミューンは共同体になってしまうだろう。そして連合は君主制的中央集権化に戻ってしまうことだろう。それが採るべき単純な代理および下位の機能の連合の自治が、優越的なものと見なされるかもしれない。それは特定の義務に限定されずに、あらゆる活動とあらゆる発議権を含むだろう。連合化された国家は、県に、州に、分教会に、あるいは公社に変わるだろう」（『連合』、一〇七頁）。

連合化がどんどん拡大すれば、中央権力は当然ますます希薄になる。連合制の規模が大きくなり、新しいコミューン、新しい地方、新しい国家になるにつれて、それは拡大化しようとするその特性を減らして、その区域がどんな場合でも、全体から離れているという理由で責任が軽くなると思わないようにしなければならない。そうすることで連合は、そう願うものは何でも組み入れ、それゆえ際限なく拡大することができる状態を保つ。新規の参入があっても、連合のパートナーから作業者の余裕を奪うことはない（中央集権化したテクノクラシーの場合によくあることだが、補充のための統合は官僚制の重みを悪化させ同時に周辺を犠牲にして中央を強化しかねない）。補完性原理を厳密に尊重する真の連合（化）の枠組みにおいては、新たな同盟者の加入は自治から何も奪うことなくまさに連帯の領域のみを増殖させるのであり、それが最初にして最後の地域の問題である。

契約が共同体から個人を守り、国家から共同体を守るにもかかわらず、共同体および国家の役割は、それでもやはり現実的であることには変わりなく、さもなければ連合的結合はもはや何の意味もないだろう。このような政体において、突出する集団はどんな機能を担い続けるのだろうか？　何をもって彼らには地域権力を補完することが可能なのか？

ここで重要なのは、実効性があることだ。個人はコミューンに、自分よりも管理能力があるであろう責任をすべて委任しなければならない。そして今度はコミューンが国民政府に、もっと容易に引き受けられるであろう責任をすべて委任しなければならず、以下同様に、大陸レベル、さらには世界レベルに至る。外交上の調停の特権は組織の高度な段階に最もふさわしい。コミューンに関しては、身近な政治に関わることはすべて彼らが担うべきである。国家は廃されてはいない。しかしその権力はもはや至高のものではない。それは、連合のさまざまな内的構成員の間に無限小に分散されているのだ。

中央国家が少なくともある程度は裁定し、立法行為を行い、許可を与えるにしても、国家は行政的役割を果たすべきではない。それが、官僚体制化の危険なプロセスに抗するための必要不可欠な条件である。業務の執行は、組織の最も末端のレベルに委ねられるべきだろう――「自由な社会においては、国家ないし政府の役割はすぐれて立法、制定、設置、創設、任命の役割である――それは、あたう限り執行の役割が小さいということだ。この観点からすると、主権の様相の一つを示す執行権という名前はわけても考えを過つ原因となった。国家とは、公共企業体――これは国家を都市の業務を一括して担う実業家と同一視させかねない――の請負業者ではない。国家は、命令するにせよ、告訴あるいは監視するにせよ、その運動の最高の発動者であり指導者である。時折、操作に手を下すのは、最初の表明として、刺激を与え、範を示すためである。最初の設置がなされ、任命ないし叙任が済めば、その新たなサービスの執行は地域の権力や市民に任せて、国家は身を引く」（『連合』、一一六頁）。

最高の段階に属すと見なされる特権、および地方、コミューンあるいは（共済協同組合の形に再編成された）私企業の活動に委ねられた特権の例をプルードンは多数挙げている。こうした問題については時が立つに連れてプルードン自身がかなり変転しているように、そのリストは目安でしかないが、この組織の一般的観念を与えるものである。その度量衡を定め、貨幣価値を決めるのは、国家である。一旦その型式が示され、最初の発行が完了すれば、連合の権力は諸都市に貨幣の製造を委ねる、ただし作業を監視する視察官を派遣するのは前提としてだが。プルードンはまた、役人の数が膨れ上がるのに難色を示しながらも、公共サービスの必要性は認めている。道路、運河、タバコ、郵便、電信電話、または鉄道のようなサービスの利点を彼は認めている。その代わり、こうした公共的利便性のある設備が導入されたら直ちに、地方ないしコミューンのために、共済的自主管理が可能ならば国家はみずからの負担を軽くしなければならないだろう。同様に、国立銀行、信託銀行、年金銀行、保険銀行の設立を促進するとともに、だが、さらに整備された公的、私

国家は廃されてはいない。しかし
その権力はもはや至高のものではない。
それは、連合の内的構成員の間に無限小に分散されている。

的、または共済組合的構造のためには、国家は、その負担を軽くするよう、介入すべきである。国家にはさらにまた、万人の教育を促進するために学校を作る任があるが、しかし、教育の計画や方法を占有することによって人々を統制・画一化してはならない。いずれを設置するにしても、その固有の職員によって自由でかつ集団合議的に行われなければならない。税金の徴収でさえも、国家の介入による中央集権化よりも多数の公的機関の間で分かたれることで改善されることだろう。裁判に関して言えば、それはもはや中央権力の象徴と見なされるべきではなく、諸都市さらにはせいぜい地方の単なる枠組みに従い、権力とは完全に独立した文官によって執行されるべきだろう。最後に軍事サービスも、同じ基準で保証されるだろう。すなわち、民兵、弾倉、要塞は戦時においてのみ連合の権力の手に渡され、それ以外の場合は地方の権力下に置かれたままだろう。

公共的権力の最も重要な役割は、極端な場合には人間を疎外する可能性のある資本主義経済の進展を国家と同等の資格で抑えることにある。(国家がその限度内に留まっている限りは問題ないのと同様に)交換の自由主義それ自体が悪いわけではない。しかしこの自由主義は、小さな所有の領域を逸脱し、巨大な独占企業が設立され独立した労働を犠牲にして賃金生活者を蔓延させる時から退廃しはじめる。その時、人間はもはや経済の奴隷、歴史にしばしば見られたように僭主の政治的奴隷でしかない――「言い換えれば、政治的権利には経済的権利の支えが必要である。富の生産および分配が偶然に委ねられ、また、連合の秩序が資本主義や金儲け主義の無秩序を保護することにしか役立たないとすれば、（…）政治的構造は常に不安定なものになるだろう」（『連合』、一五五頁）。

プルードンは正当にも経済的ウルトラ自由主義を「偽のアナーキー」と非難しているが、それは自由放任《レッセ・フェール》が国家の支配と対応した秘かに進行する支配の新たな確立、すなわち金銭による支配につながるからである。資本主義の巨大な独占は、巨大な中央集権国家と同じ理由で権力の決定機関以外のなにものでもない。この自由主義は、自由にではなく隷属に至るだろう。唯一の解決は、経済に国家を対決させ巨大独占の成立を妨害し、また、国家に経済を対決させ巨大中央集権政府の成立を妨害することにある。国家は、資本の蓄積が過度に強大になるのを回避するためにそれを規制しなければならないが、それはちょうど

資本主義の巨大な独占は、
権力の決定機関以外のなにものでもない。
この自由主義は、自由にではなく隷属に至るだろう。

（道理にかなった、相互扶助的だが独占的ではない次元の）経済的領域が国家の官僚主義化に歯止めをかけ、この上なく多様な責務——たとえそれらがインフラストラクチャーとなった銀行、学校等々のような公共的発議によるものであっても——の執行をあたう限り引き受けなければならない。

コミューンと国家は、独占資本主義の形成に抗して効果的に闘うべく協力＝連合する義務があるが、それは連合が大きくなるほどその影響力が増すからである——「政治的観点からは、二つないし複数の独立国家はみずからの領土を互いに保全しあうために、あるいは自らの自由を守るために連合することができるのと同様に、経済的観点からも、商業と産業の相互的構築、つまり関税同盟と呼ばれるもののために連合することができる。また、コミュニケーション手段、道路、運河、鉄道の維持と構築のために、信用と保証等の組織のためにも、連合することができる。こうした個々の連合の目的は、資本家や銀行家の搾取から内的にも外的にも連合する国家の市民たちを保護することにある。これらの連合は全体として、現在支配的な金融体制に抗して私が農業‐産業的連合と呼ぶであろうものを形成するのである」（『連合』、一五九頁）。

連合の公的領域は、唯一強欲さのみに委ねられ、放棄されたかあるいは金儲け主義的なやり方で処理されかねない計画をきちんと管理するために必要である。また、連合の私的な領域は、大衆を無責任化しかねない新たな僭主となる官僚制の領域を阻止するために、計画を促進する国家の庇護の下に、そうした計画を具体的に執行するためにも必要である。最終的に目的とするところは、連合する原理の政治的適用と相互扶助的原理の経済的適用——これらは二つとも対応し一致するものだが——によって同時に、資本家の独占を押し返しつつ中央集権国家を押し返すことである。連合主義は、この上なく極端に相反するものを均衡させるのだ。それは統一し突出するものをもちうることにおいて国家を維持するが、とりわけ資本の恒常性（これからは相互扶助的な）という事実から国家がジャコバン化することを妨げるし、またそれは、自由で微分化しうることにおいて資本を維持するが、とりわけ国家の恒常性（これからは補足的な）という事実から資本が独占化することを妨げる。

この世界のすべては両義的であり、
人間は自らのうちに宇宙の潜在能力を凝縮させている。
この点に関して、人間の善意に政治的教説の基礎を置くのは危険だろう。

プルードンの政治的歩みは最終的段階では、ある道徳的《モラル》展望に帰着する。連合主義を通して、われらが哲学者はそれぞれの人間的性向の特性の高い側面を促進し、その悪しき側面と闘うことを求める。権威への関心から、彼は秩序を守ることを望むが、しかし覇権主義ではない。自由への関心から、責任を守ることを望むが、しかし気まぐれな貪欲さではない。ところで、連合主義の役割とはまさにその相互扶助的・社会主義的具現化にこそあるのだ。というのも、連合主義は同時に統一（だが等質化ではなく）と自治（だが孤立化するのではなく）とに寄与するからである。もし人民がこの相反するものを互いに釣り合いを採ることによって調和させるに至らなければ、権威は独裁主義に至り、自由はリバータリアニズムへと至るが、これらはその極端でかつ堕落した形態である。

プルードンには何ら子供じみたところも観念論者的なものもない。この世界のすべては両義的であり、人間は他のどんな被造物にもまして自らのうちに宇宙のすべての潜在能力を凝縮させている。この点に関して、妄想でしかない人間の善意の上に政治的教説の基礎を置くのは危険であろう――「われわれの悪意は時とともにその形とスタイルを変える。中世の領主たちは街道の真ん中で旅人の身ぐるみを剥ぎ、それからその館で彼をもてなした。それよりは野蛮でない商業の財閥勢力はプロレタリアを搾取し、それから彼のために慈善施設を建てる。この二つのうちのどちらが美徳の栄誉に値するか、誰が言えようか?」(『貧困』I、三五九頁)。マルクス主義者のようなユートピアの製造者たちが人間の善意を信じるかあるいは少なくとも社会革命のために人間の変革を要求するところで、現実的な精神の持ち主は、変わることのないわが人類の美徳と悪徳とを按配することで満足すべきだと考える。摂理主義者にしてメシア待望論者のマルクスの進歩的弁証法に対して、プルードンは非進歩的な弁証法を対置する――「おそらく社会は科学と経済の進歩につれて改良される。だが、いかなる文明の時代にも、進歩はユートピアの製造者たちが夢見たような変容は含んでいない」(『貧困』I、三九六頁)。

これが、プルードンが所有と競争という概念にこだわる理由である。所有も競争もなければ、労働者は何もせず怠惰でいることだろう、それが彼らの本来だからだ! 彼らには刺激し合うためにお互いを嫉妬することが必要だ。しかしそれはまた、資本主義の横領を抑制しなければならぬ理由でもある。それというのも、組合も相互扶助もなければ(つまり、憎悪と愛、対抗と助け合いという相反する原理の和解=両立がなければ)、競争は万人の万人に対する戦争状態に堕することだろう――「競争は、その最高の表現においては、労働者がお互いにその助けを借りて刺激と援助を利用しあう歯車装置である。だが、その本来の姿に競争を引き上げるはずの組織が実現されるまでは、競争は、生産者が仕事の中で助け合うのではなくて、仕事を介してお互いを打ちひしぎ潰しあう内乱状態のままである」(『貧困』I、三六二頁)。

連合の思想は、もっと正当な社会の礎を確実に作ることだろう、そしてそこでは互助関係が好ましく現われる領域を見出すことだろう。それにもかかわらず、プルードンの連合主義はまだ時代に合っているのだろうかと訝るかもしれない。この思想は、アナーキズムの伝統の中で回復される以前に、ギリシャにおけるように大昔から享受されていた(『連合』、一二五頁)。文字の発明に相応する「アルカイック」と言われた時代には、ヘラスの部族たちは大きな同盟を作るために部族同士、次いで都市国家同士で近づき合った。これら萌芽状態の政治的集団は地域の自治を抑圧しはせず、いずれも元の土地に愛着を抱いていた。不幸なことに、当初の善意にもかかわらず、権威の力が急速に支配的になり、この上なく強力な法を発展させた。征服心がヨーロッパのいたるところで巨大な帝国をもたらし始めた。人類は急速に圧政に慣れてしまっていて、広大な諸国民の中で聖別された(しかも、巨大な独占資本の発展による経済レベルに達した)国家のヘゲモニーに回帰するためには、今日では多大な勇気と高い識見を要するだろう。ひとり学識の深い人々と力強い文化のみが、自由意思に基づき、連合システムをラディカルな政治改革の段階に位置づけなおすことができるだろう。ひとたび一定程度の精神的・文明的高みに達すれば、人類は常に連合を作ることが可能だ。しかしそのためには人類は、「理性に従って自らを治める」ことを学ばねばならない、とプルードンは言う（『連合』、一二七頁）。

われわれはついに、そのような知恵を発揮するのだろうか？　ついに古代の理想的調和と再び結ばれるのだろうか？　プルードンは再生の基礎を我々の行動の文明に賭けていた――仮にわれわれが生来変化し変わることができないのであれば、少なくともその欠陥をもっとよく管理しようとすることはできないのか……同じことだが、われわれが連合の思想を回復したいのであれば、集団として向上しなければならない。われらが哲学者を読むと、彼自身は絶望していたことが感じられる。彼の生涯は膨大な政治的挫折の連続からなっていた。おそらくはいつの日か、彼の偉大さと成熟の頂きに届いた人類の壊れやすい《フラジャイル》高貴さによって、より正当でバランスの取れた社会の成立が可能となり、歴史の曙以来、粒々辛苦、徳性の向上に努めてきた人々の努力が懐かしく振り返られるのだろう。

第九章
保護貿易主義

連合体制の大きなメリットのうちでも、プルードンが特別の重要性を与えているものが一つある。それは、関税の管理である。国家には、国境の保護を通した経済の調節で担うべき不可欠の役割がある。もちろん、連合した諸地方や国民は彼らの間で互いの利益になる商業協定を交わしたり、共通のプロジェクトのために組合を作ることもできる。しかし連合のすべてのレベルにおいて国境の尊重によって（最も狭いレベルであるコミューンの段階から、最も広いレベルである大陸の段階に至るまで）、大独占資本の突出を制限しなければならない。

どうしてプルードンは国際取引にそれほど反対しようとするのか？　まず第一に、国境の廃絶は人間を根無し草にするからである。民衆はそれぞれ一定の生活習慣を抱えており、その周囲には共通の文化が根づいている。国境をなくしてしまうことは、この腐植土を荒廃させ人間の活力を干上がらせることになろう――「自然が望んだのは、それぞれの地域の住民がまずはその自然の生産物を糧として生活し、次にその余剰物のおかげで土地が生まぬ物を手にすることであった。反対に、独占の計画では、労働者はもはや何もしないコスモポリタンの奴隷でしかない。ポーランドの農夫がイギリスの閣下のために種をまく。ポルトガル人、フランス人が、世界のあらゆる閑人たちのためにワインを生産する。つまり、あえて言えば、消費とは異国へ追放されることだ。金利によって制限され、狭く、奴隷的な専門性に還元された労働にはもはや祖国はない」（『貧困』II、四一頁）。

　自由‐交換は、われわれが社会的ダンピングと呼ぶようなものを促進する――労働者たちは、「外国との競争に直面した自分たちの仕事を守るために、（…）賃金の新たな減少を常に被らざるを得ないことになり」、その結果、自分たち自身が作ったものをもはや買うことができなくなるだろう。「一体誰がこの自由の恩恵に与るというのか？　独占者たちだ、ただ独占者たちのみ、金利生活者たち、その資本の増殖によって生活するすべての人々、一言で言えば貧乏人を製造するあらゆる者たちだ」（『貧困』II、四〇頁）。国際的商取引つまり自由な独占は、この数世紀来テクノ－リベラルなあらゆるシステムすなわち労働の分割、さまざまな機器、競争、資本の蓄積、そして警察によって口火を切られた活動を続行することによってプロレタリアを服従させ、小産業を打ち砕く以外の目的は持っていない（『貧困』Ⅱ、六二頁）。ここでわれわれが立ち会っているのは、もはや政治ではなく商業の中央集権化のもう一つ別の形態であり、地球の全表面に関わるものである。

商業のグローバリゼイションがそれ自体において文化的にも経済的にも同時に重大な脅威をもたらすとすれば、だからといって、輸入をすべて禁止するとかあるいは卑劣な利己的な目的で関税率を設定したりするような全く保護主義的な体制に陥るべきではない。そんなことをしたら、また金持ちを利することになるからだ。初期工場が設立された頃は、関税は資本の拡大発展には全く障害にはならなかった。関税はむしろ、強化される必要のあったまだ萌芽状態のリベラリズムの枠組みでは商業の拡大のプロセスには有利に作用

消費とは異国へ追放されることだ。
金利によって制限され、狭く、奴隷的な
専門性に還元された労働にはもはや祖国はない（『**貧困の哲学**』）

したのである（これが、フリードリッヒ・リスト〔一七八九－一八四六年、ドイツの経済学者。保護貿易論者。欧州統合の理論的先駆者でもある〕、ジョン・ライ〔一七九六－一八七二年、スコットランド生まれのアメリカの経済学者。J・S・ミルやシュンペーターに影響を与えた〕、ジョン・スチュアート・ミルらによって理論化された「勃興期産業の保護貿易主義」である）。〔当時は〕最も強力な独占でも、国際的性格を帯びるほど競争原理の働くものではなかったし、未知の競争は独占が拡大するには脅威となっていた。今日では、こうした独占の規模も大きくなり、本物の食人鬼に成長していて、海外市場の制覇に乗り出そうとしている。だが関税障壁は少なくとも特定の場合に資本家の要請に応えるものであるのは明らかである。プルードンの観点では、いずれにせよ関税は他国に対する一国の利益を保護するのに適してはおらず、特定の経営者の利益の名の下に、人びとのためになるようなある種の輸入を妨げているのである。国家が国境に設ける〔関税〕障壁は、それとは別の――商業の自由と労働の保護とを同時に保証するような――権利を付加するものでなければならない。輸入にせよ輸出にせよ関税をかけるという行為は、他国の労働者の不公平極まる競争を被ることなく、各人が正当で実益のある形で自国で働くことができるようにするためにのみなされるべきである。

商取引のこの真っ当なバランスは、連合的体制においてのみ考えられることである。国民国家の世界においては、国家的利害がこのバランスより優位を占めてしまうだろうし、そして、国境のない世界においては、労働のいかなる保護もこれ以上可能ではあるまい。その代わり、連合的体制においては、政府がその管轄地区の構成員の一地区の利益を他地区に対して優遇することはありえないだろう（なぜなら、構成地区はみな平等だからである）が、しかしさらにその内部の細かな再分割地区は必要な時に保護機能を維持しうるほどには十分強固であるだろう。大陸的ないし国家的水準だけでなく地方的ないしコミューン的水準においても多数の国境的段階があること自体、各地域の必要に応じて関税的保護を適用することを可能にするだろう。

こうした観点から、連合は拡大すればするほど効果的であることがわかる。巨大化するにつれてその基礎から離反する国民国家の場合のように、地方自治の障害になるどころか、連合的体制は拡大を受け入れるだけに一層その基礎を大切にする。そこにおいては、政府のやることは、連合した小さな区域の自治を潰すのではなく、それを優遇するのであって、それというのも政府は拡大すればするほど、組織の全体を統率する手立ては維持しつつもその権限はますます制限されるからである。

第十章
所有の理論

経済的観点からは、プルードン理論の中核は所有に関する問題にある。まずもってこのテーマは、名高い定式「所有、それは窃盗である！」を彼が投げつけた一八四〇年に彼の名声が高まりつつあったことに大いに寄与している。社会主義発展のこの時代に、かかる呪詛の言葉はこの哲学者にとっては政治的扇動家および神も人もない論争家という悪魔のような評判に値するだろう。しかしながら、そのような人物像は流布されまい――仮にプルードンが「アナーキスト」を自称する最初の著作家だったとしても、彼は現在のリバータリアニズムとはかなり異質のイデオロギーを表明していた。マルクスが彼のフランスのライバル〔プルードンのこと〕を激しく非難した場合、それはまずもってプルードンの農民としての狭隘な心性、その耐えがたいブルジョワ的モラリスム、つまりはある種の保守主義を非難するためだったのである。プルードンは彼の同時代人たちが利潤への道を絶つべく誘っていたが、その議論は伝統主義的パースペクティブに支えられていた。少数の人々の手に不動産や投機的資本が集中するのを非難しながらも、同時に彼は共産主義的主張を拒絶し、過激な個人主義をそれ以上支持しようとは考えなかった。若き日のある種のテクストが家庭的な小所有の廃棄を目指した主張をしていたと思われたにもかかわらず、彼の思想は実はその擁護となっている。

矛盾がある――プルードンが本当に所有の執拗な擁護者であったならば、どうして彼は所有を窃盗になぞらえ続けたのだろうか？　確かに、このテーマに関する彼の考えは年とともに変化していた。しかし、最後の仕事においても、その定式の正当性を彼は主張している、ただし彼の定式が問題の全体性を探求しつくしているわけではないと付け加えることがなくはなかったが。このようにしてプルードンは、一九世紀の多くの社会理論家、たとえばオーギュスト・コントの科学主義よりは上古ギリシャ・ローマの哲学者たちにずっと多くを負っているはずの彼の思想様式に多少なりと意識的に関係を結びなおしている。実際、ほとんどヘラクレイトス的な諸前提の基礎の上に、まさに個人的および集団的弁証法として連合の相互主義の促進は立脚している。そして所有に関するプルードンの問いのすべては、ある大きな原理をめぐって焦点化される。すなわち、一者と多者の還元しえぬ矛盾、そして、調和への道としての対立しあうものの結合の文明的必然性、これである。

自由思想家たちとは反対に、プルードンは所有に対する人間の自然権を信じてはいない。彼は土地を所与の個人に自然に結びつけるような権利の思想を再び問題にする――理論上は、地面は誰のものでもないし、よくそう主張されるように最初の占有者のものでもないし、また、たとえばティエールが主張するようにそれを耕す者のものでもない。われわれが自然法主義的なテーゼに反駁したり、その本質主義を暴いたりするとただちに、所有は、なにものもそれを義務論的に正当化しにやってこない点において、窃盗として――あるいはお好みなら濫用として――現れる。いかなる法も人間を永続的な絆によってその所有に結びつけることはできない限り、自分の畑のまわりに垣根を設ける者は厳密な意味《ストリクト・センス》で泥棒

ほとんどヘラクレイトス的な前提の上に、まさに個人的および集団的弁証法として連合の相互主義の促進は立脚している。

である。つまりその人は、客観的な証明なしで勝手な広がりを自分のものとしているのだ。「したがって所有はなんら先験的に人間および市民の権利として置かれているのではないのであり、それは今日までそう考えられていた通りであり、また一七八九年、一七九三年、一七九五年の宣言[*1]がそう言っていたと思われる通りである。つまり、先験的に所有権を設定するために用いられるようなあらゆる論理は、論点先取の虚偽であり矛盾をはらんでいる」（『理論』、一四九頁）。

このことから所有は、マルクス主義者の要求に従って共同のものであるべきだろうか？そんなことはない。というのは、諸原則の観点から、なにものもそれをこれ以上強制しないからである――プルードンがその活動に沿って、とりわけ最後の著書『所有の理論』（一八六六）――これは完成する暇がなく遺作として出版されるが――で詳述しようとしたのは少なくともそのことである。われらが哲学者は諸原則による論理をほとんど信用していない――「観念的」「物質的」あるいは「現実的」土台が価値論的または法律的判断に対して存在論的な根拠となりうると認めるには、彼にはあまりにもプラグマティズムが浸み込んでいる。したがって、彼には集団的権利の代わりとなるマルクス支持者たちの見解と同様、彼は、所有に関し個人的権利を擁護する自由思想家たちの見解にも反駁するのである。所有は、勝手にわがものとされる自由な財を他人から不法にだまし取る点で、窃盗として現われうる。しかし、いかなる絶対的な法も、共同体全体にこの財が属すべきだと強制しはしない。土地が誰のものでもなく、いかなる原則も個人あるいは集団に所有の体制を委ねることはないというまさにその理由によって、われわれはこの論争に理論的に決着をつけることができない。つまり、正統的な実践のオーダーで議論する、言い換えれば、原則に従ってというよりは目的に従って、「その制度の中だけで［さまざまな仮説を］比較し、その結果によってその仮説を判断する」（『理論』、一一三頁）というやり方でしか意味あるもう一つの選択肢はない。

＊1　いわゆるフランス大革命は一七八九～一七九五年にかけて起きた。一七八九年、九三年、九五年の各人権宣言（「人間と市民の権利の宣言」）の違いは次の通り。八九年の宣言は、フランス革命の始まりとなった三部会の開催に伴って制定された。この宣言は、自然権としての人権を主張し、国王の絶対権力に対抗するもので、自由、平等、所有権、抵抗権などの基本的な権利を規定している。一七九三年の宣言は、フランス第一共和政の成立に伴って制定された。八九年の宣言よりもさらに平等主義的であり、平等は優越的地位を占める権利とされている。幸福、教育、公益、公共の力などの新たな権利を規定。一七九五年の宣言は、フランス革命の過激化によるテルミドールのクー・デタ後に制定された。この宣言は、八九年と九三年の宣言の中間的な立場をとり、人権とともに人民の義務も規定。安全、抑制、財産、社会的関係などの権利と義務も規定している。

その判断をわれわれに示すのは何か？　私的所有の体制は社会にとって恩恵なのか、それとも不幸なのか？　それはわれらが人類にとって、集団的所有体制よりもよりよい生活条件を保証しうるのか？　肯定的様相が優勢ならば、実際的に考えて、法は有効な法律的フィクションとして所有を保証しなければならないだろう。逆の場合には、所有を無効にしなければならないだろう。

だがプルードンは慎重な姿勢を示す――世界の現実は一義的ではなく、経済的過程もその例外ではない。すべては矛盾に満ちている。それは所有の問題に関してもう一度確認されるのであって、したがって実践面でも、両義性はそのままである――「所有は事実上も法律上も、本質的に矛盾しており、まさにそれゆえに所有は困ったものである。確かに、所有は占有する権利であるが、同時に排除する権利でもある。所有は労働の対価であるが、労働の否定でもある。所有は社会の自発的な産物であり、また、社会の解体である。所有は正義の制度である。そして所有、**それは窃盗である**」（『貧困』Ⅱ、一七六頁）。プルードンの分析を捉え返してみよう。国家が所有権を制定すると、市民は所有者である可能性を得るが、また同時に自らが得たものの領域を広げることによって、他者から彼らの財を奪う可能性も得る。したがって、所有は占有の権利であるが、同時に排除の権利でもある。

まさに労働することによって人はわれわれを所有者にする金銭を得るのだが、しかし、一旦所有の保持者となれば、人は単なる賃金生活者を働かせ、もうこれ以上辛い労働で辛抱することなくその金利で生活することができる。したがって所有は労働の対価であり、そして労働の否定でもある。所有者という資格は、社会がそれを法律上保証する――自然という仮定の状態では力だけが規約にかなった所有というよりはむしろ事実上の所有となる領土＝縄張りの享受を可能にすることだろう――という理由でしか意味をなさないが、しかし、この所有は個人をその同胞から遠ざけ、さらに無関係なものにする傾向がある。したがって所有は社会の自発的な産物であり、また社会の解体である。つまりは、このような両義性によって説明されるのは、所有制はそれに近づく角度によって、ある時は肯定的な社会的影響、またある時には否定的な社会的影響をもつ、ということだ。つまり、正しいかそれとも窃盗かということの外側にわれわれに対しては超然としてあるわけである。

そうだとすれば、所有制の特徴的なメリットは何だろうか？　第一に、定着した所有は、労働への「より真摯でより道徳的な没頭」（『貧困』Ⅱ、一八九頁）を促進する。このような体制においては、猫の額ほどの土地の、自分の商売や工房の所有者である労働者は、自分の生み出す財の品質をいっそう気にかけるのだが、それは、彼が自分自身の成功の直接の要因だと感じており、自分を搾取する経営者に従っているとは思っていないからである。彼はさらにそこから実存的な利益を引き出す——彼はついに自分の仕事に感情的に没入するに至り、自分の制作の果実の中に、作品の中に自己を認める藝術家のように自己を認識するようになる。これは自己解放感の重要な源泉である。

次に所有は、人間を責任感のある者にする——所有は彼に厳格な管理を強いる。なぜなら、賃金労働者ではない彼は、自分で労働のやり方と活動のリズムを決めなければならないからである。所有は、人間の個別的意思を発展させ、予めその行動の自由を、したがってその開放を保証する。所有を受け入れることは、法的に単なる多数派というよりは行動面で多数派に到達することである。

所有はまた家庭的紐帯の具体的な絆となり、社会組織を堅固にする。そこにプルードンにとってまさに彼のための補足的論拠、力点のかかる論拠がある——「とりわけ家族においてこそ、所有の深い意味が明かされる。家族と所有とは、互いに支え合って、同時に歩み、この二つを結び合わせる関係によってしか互いの意味と価値もない」（『貧困』Ⅱ、一九〇頁）。世襲財産の相続が諸世代の象徴的連続性を保証するという意味において、プルードンは文化的計画にも経済的計画にも同じくいい意味で遺産の概念を見ていた。したがって彼は、家庭を破壊し国家の手に所有権を戻すことになると非難された相続への課税に強固に反対していたのである。

最後に、大地に根を下ろすことは自然との共生という結果をもたらす――所有のおかげでさらに強固なものとなった土地への愛着を通して、人びとは自分がどれほどその環境と結びついているかを感じ取ることができる。「意識の深みから、自我は飛び出し世界を抱きしめる。人間と自然のこの共生において、この一種の自己自身からの離脱において、その個性は弱まるどころかエネルギーが倍加する。もはや何ものも所有者ほど個性が強く、先見の明があり、辛抱強いものはいない。(…) 愛と同じく所有においては、所有することと所有されること、能動と受動とは常に同じことをしか表わさない。一方は他方によってのみ可能であり、ひたすらこの相互性によって、人間は、当時までは片務的な義務に縛られていたが今や自然との間に交わしたばかりの双務的な義務に繋がれており、彼が存在するところのすべて、彼が値するものすべて、存在の充溢を享受するすべてを感じ取るのである」(『貧困』Ⅱ、一九〇頁)。

所有体制のさまざまなメリットは、道徳的な含意を帯びている。すなわちプルードンにとって所有に接することは、人間を精神的に豊かにする。それでもなお強調しなければならないが、この道徳は、なんらかの職業倫理というよりはむしろ心理的な発達の観念に基づいている。つまりそれは、存在論的な法の名の下に外部から押しつけられた非人称的な「ねばならぬ」の観点からではなく、卓越しているか凡庸か、文明化しているか野蛮か、大人か子供じみているかのあり方の観点から捉えられる。所有は、社会‐経済的な、物質的であると同時に象徴的な枠組みを形成しており、それを通して人間は人間性において彼を引き立たせ、粗野な者とは区別される性質――責任性、厳格性、規律性、自然に対し恩義を感じる精神等々――を付与される。

ところで所有にはさらに政治的なメリットもある。つまりそれは、公共問題への単に形式的な権利ではなく市民に現実的な力を与えることで国家の影響力を制限することが可能である。市民は所有によって、中央権力に対し、まして《ア・フォルティオリ》や所有者たちが自らの声を受け入れさせるべく団結した時に、経済的圧力という手段を手にしている――「国家権力と拮抗しうる力をどこに見出すべきだろうか？　所有以外にはない。（…）公権力の抑制に役立つこと、国家と拮抗すること、この方法によって個人的自由を保証すること――それが政治組織においては所有の主たる機能となろう。（…）所有が欠けているところ、所有がスラブ人の占有物すなわち封土に置き換えられているところでは、政府の独裁がある」（『所有』、一三七頁)。所有は、われわれに少なくとも社会‐経済的な独立の部分を保証する制度であり、そのようにして、所有は国家がその侵害に向かう本来の傾向を制限するのである。専制に対する反対は、集団の表明としては、「それが大多数の所有者の表現でなければ権力に拮抗する力にも、効果的にもならない」(『所有』、一五三頁)。

現在、所有の欠陥はなんだろうか? それは、現代資本主義の時代に、その主たる思想が各人にとって所有者になるばかりでなく自分自身の所有を拡大するべく隣人の所有物の上にはみ出さんとする貪欲で歯止めの利かないこの自由主義を著しく増大させたものとして明白に表れている。この自由主義は、幻想的存在論の不正義の名の下にというよりはむしろその実際の悪業のゆえに非難すべき財産が増大する不平等をもたらす。前段階では、この不平等は、最も浅ましく卑しい性向を維持するよう資本主義の論理によって要請された大所有者たちにおける利己的で、唯物主義的で、妬み深い傾向の急騰を示すものだ。人間の貪欲さは、自分たちに委ねられた多くの日和見的拡大志向によっても、また、ますます増大する独占を形成する人々の経済的権力に抵抗するために自ずから拡大せざるを得ないという事実によっても絶えず掻き立てられる。そしてそれが、闘い、そして己れの財を失わぬ唯一の効果的方法である。後の段階では、財産の増大する不平等は、やはり、貧しい人々が所有者の状態に近づくことを妨げる。この状態になれば、人びとの間にさらに大きな美徳とさらに大きな性格の力の表われることが促進されるのだが——。

さらに悪いことに、所有の体制は自ら金融の体制に取って代わられる傾向があるのだが、その場合、所有者の現状の肯定的側面が無化されることになるのである。したがって、単純な所有とは反対に、無秩序な資本主義が留保抜きに非難すべきものであるとすれば、それは無制限な蓄積と略奪の可能性の結果、マルクスが使用価値と交換価値と呼んだものの間に、それがほぼ完全に経済の現実性を失わせるまでに至る重大な亀裂を生む傾向があるからなのである。金融資本主義は、この霊肉分離時代〔つまり経済が実体性を失った時代〕の社会‐経済的形態であり、その時、労働はもはや責任の個人的意味を発展させるための具体性の次元も、また、世界に対する負債の集団的意味を発展させるための自然との共生の次元も有してはいない。その結果、「人はもはや、かつてのように土地と繋がってはいない。さもなければ、人はそこに住み、そこを耕し、それが発散するものを吸い、その糧で生き、父祖から血とともにそれを授かり、そうして一族の中でそれを世代から世代へと引き継いで、そこから己が肉体、気質、本能、思想、性格を汲み、そして死ぬまでそれと別れ別れになることはないだろうように。人は道具あるいは年金登録に対するように土地と繋がっていて、それを通して、共通の積立金から毎年一定の収入を得る。自然へのこの深い感情、田園生活のみが与える土地へのこの愛に関して言えば、それは消え去っている。紋切り型の、とりわけ無感動になった社会への感受性――そこでは自然がもはや小説、サロン、劇場の中にしか現れない――が、それに取って代わった」(『正義』Ⅱ、八四頁)。

交換行為の金融化によって、人びとの間に労働の諸関係の悪化が、その(避けがたい)緊張を強化することによってではなく、無関心の陰の下にそれを押し殺すことによって助長される。プルードンはこの非人間化の過程を激しく非難していたが、これは数十年の流れの中で二一世紀のとば口に支配的になった時点でさらに拡大化する性格を露わにした。定着した所有は、経営者と被雇用者との間に常に好意的な関係ではなくても緊密な関係を保証していた。小所有によって特徴づけられる社会‐経済的でかつ文化的な枠組みにおいては、賃金生活者は単なる「人的資源」として扱われることはありえない。彼はその

交換の金融化によって労働の諸関係の悪化が無関心の陰の下に助長される。プルードンはこの非人間化の過程を激しく非難していた。

雇い主と直接に接触する真の人格であり、それで確かに雇い主が彼をひどく扱ったり、低賃金にしたり、解雇または虐待することもありうるが、しかし彼は進んでその恥辱を経験し、自分の悪しき性向が抑制されていると自覚する。今の株主にとって、解雇の多くの手続きないしは「生産性率の改革」は、あまり罪障感のない紙きれの署名によって承認される予測統計と数字のありきたりで冷たい連続に還元される……経営者への所有の譲渡不可能性を保証することで、「社会は同時にプロレタリアの安全のために機能していたのである。すなわち、所有者の実質を資本にすることによって、社会はこう約束したのだ、資本とともにそして資本のために働くすべての者を、資本はもはや自らの仲間としてではなく自らの子どもとして見なすことだろう、と」(『貧困』Ⅱ、一八九頁)。

プルードンの理想は、各人がもはや自分のためにしか働かないような普遍的な方法で所有を拡大しようとすることである。それでもプルードンは明晰な状態に留まろうとする。すなわち、そんな条件の完全な平等性には決して到達しないことを彼はわかっており、それは第一に、ただ独裁的な権力のみがそんな完璧な――したがって望ましくない――平等化を強制しうるからであり、第二に、知性あるいは気質の生まれながらの欠如ゆえに賃金生活者から抜け出るのに不向きな人間が常に存在するからである。そうした人々にとって所有という薬は、賃金生活によって妨げられた自分たちの潜在能力を実現させ、その長所を発揮させる代わりに、真の毒薬となることだろう。したがって、小所有が与って力のあった経営者のパターナリズムにおける申し分のない妥協、つまり賃金生活者が人口のほどよい割合に限られていたその当時から受け入れられていた次善の策を考えなければならなかった。資本主義がほぼ独占状態の金融グループの成立に達している現在、このように仮想化され変形された所有体制が、企業において人々からの広範な搾取に至るのは必然的である。

私的所有の悪習に対して、人は集団的所有を促進したくなるかもしれない。それは実践面ではもっと有効なのだろうか？　明らかにそれは多くの利点を伴っていて、その最も小さなことでも個人のエゴイズムを未然に防ぎ、利潤のすべての機会を排除し、資金の平等化によって他者の搾取を妨げる。このような体制においては、もはや誰も隣人を妬む必要がない。連帯の考えが自ずから促され、貪欲さはもはや対象物がなく、人びとから去る。

こうした注目に値する性質にもかかわらず、共同体の体制はそれでも重大な欠陥となる不都合さを伴っており、それは私的所有に対してと同じように、実に対照的な特徴を自らに与えている。この体制が利他主義を促進するとしても、それは同時に責任性を徐々に蝕むとプルードンは指摘する。私的所有の廃止によって賃金生活者が広く一般化するが、このことは闘いに対する人間的で気高い性向を脆弱にする。国家は、自分が与えられている権力が過剰なゆえに、また、その力を実際に抑制するものがないがゆえに、あらゆる個人的イニシアチブに取って代わろうとしがちである。つまり国家は、市民の生成を担い、常に四方八方に伸びる形でその影響範囲を拡大する。共同体の体制的欠陥のリストは長大である（現在の語感ではむしろ共産主義的あるいは集団主義的体制と言うべきであろう）――「その不正義の修復不能性、（それが）共感および嫌悪に及ぼす暴力、（それが）意志に強制する鉄の掟、（それが）良心を維持する際の道徳的苦痛、（それが）社会を浸からせる停滞感、要するに一言で言えば、（それが）人間の自由で、活動的で、議論好きで、反抗的な人格を鎖でつなぐお目出度くて馬鹿げた画一性」（『所有』、二二六頁）。この専制的体制に抗して、自由は「自らとともにある知性、尊厳、行動力がその体制を許容する限り遠くへ行かねばならない。したがって公的権威や共通の利害は、自由が停止するところ、市民の行動、天才、徳行が不十分になるところでしか現れるべきではない」（『理論』、八一頁）。

問題は解決不能に思われる――その偉大さを生み出し、その存在に塩を与えるのは個人の意志であるが、個人を駆り立て他者を裏切らせ、彼らを搾取し、彼らの所有を奪うために自分の資本を悪用し、ついには自分の周りに不和と対立をもたらすのもこの同じ意志である。人間はその独立への願望にもかかわらず社会的動物のままであり、その同類たちのさ中で彼らと調和して生きることの必要を感じる。この袋小路から逃れることは困難に思われる。

第十一章
相互扶助論の哲学的原理

肯定的にして否定的でもある結果の境界にある問題に実践的にアプローチすることは、よりよい社会的均衡を保証するはずである。しかし、この「均衡」という概念によって何を理解するべきなのか？　プルードンはここで、連合主義を相反するものの豊かな結合として把握することを、彼につとに可能にしていた弁証法的運動を付け加えようとしている。言い換えれば、政治的領域における連合主義の経済的領域での等価物を彼は見つけたいのだ。それは、相互扶助論＝相互主義に関わるものとなろう。

相互主義的経済は、資本主義の利点（たとえば開放的自由）と共産主義の利点（たとえば規制的権威）とを最適化する。市場経済は、あらゆる形態（厳密な意味で相互的な形態、人民銀行、協同組合、同業組合、諸組合、等々）で助成された組合の原理で維持されている。このような互助組織的体制の下で、所有者たちは商業的パートナーおよび仕事上のパートナーを尊重している。国家は主導的な形では介入しておらず、その意味では、商取引は自由である。しかしそれらは組合的組織によって自主管理されている。労働者たちは自ずと結ばれた絆と集団的組織のおかげで彼らの間に正しい取引を保証する、誰もがそれで利益を得る規則を設ける。こうして収奪しがちな傾向を排除した自由主義が得られる。

相互主義は今日、会員間の連帯組織を保証する非営利的な組合組織を意味している。それは、「相互的なもの」、換言すれば中央組織がそこから利益を引き出すことなしにまさかの時に対して各出資者を保護するための相互扶助組織の創設を促進することにある。プルードン的な意味での共済組合主義は、さらに広範な領域をまさにカバーすることによって、この運動を統合するものである。すなわち、それは相互性、均衡性、相互的利点の原理に従って人間社会全体を組織する行為を意味する。それはこの理由の下に協同組合的事業を包括するのだが、そこでは多くの労働者が共通の活動の中で、自主管理された形で、与えられた仕事に応じた義務と収益を共にするのである。

プルードンは相互主義的市場を直接的かつ無償の交換システムとして考えており、そこでは「交換する者たちはお互いにそして最終的にその生産物を原価で請け合うのである」(『革命』、九八頁)。彼らはそんな風にして、できるだけマージンを引き出す余地のある仲買商人抜きで適正価格で消費財に支払うことを信じている。同じ論理が経済のあらゆる領域に適用される。相互保証社会においては、たとえば、被保険者から払い込まれた掛け金は被った損害総額に正確に対応していなければならず、いかなる者にも利得を生じてはならない。鉄道の領域では、運輸会社は固定料金を最低料金で提供しなければならない。その代わりに、工業、商業、農業従事者や交通網が敷かれている地方は、運輸会社を優先的に助力する約束をしている。相互主義は信用に基づいているので、経済のきわめて大きな再配置を伴うが、それは連合主義が政治のきわめて大きな再配置を伴うのと同様である。経済システムに関わる者たちは取引を行う際にその実務の相互性を保証するためによく知り合う必要がある。したがって、精神的契約の関係を乱す者は商業の共同体から排除されることになるだろう——それが諸個人に行使される唯一の本当の圧力の手段だが、それは実に厳しいものである！　もし誰かが不正な競争に訴えたり、あるいはその商品を胡麻化したり、原価以上で製品を販売したりすれば、その人はその地域の経済流通から隔絶され、命脈を保つことがきわめて難しくなるだろう。ここにおいて個人の自由主義は友愛の精神と結びつく。つまり、人間の利己的にして利他的な性向は二つとも考慮に入れられ受け止められるのである。

均衡の原理をめぐって述べられたこの解答は、確かに、人間の本性に固有の矛盾を解決するものではない。そうではなく、それはもっとつつましく矛盾を均衡状態に置くことを選んだのだ。しかしこれは大きな長所であって、というのも、ヘーゲルとマルクスがやったことでそう考えたように、実際、生の矛盾を解くことはきわめて困難なのであり、大いなる危険に身を晒すことによってしかこのキマイラのような目的を追い求めることはできないのだろう——「二律背反が、それが影響を及ぼすあらゆる概念のように自然と知性の法、悟性の現象だとすれば、それは解決されるものではない。それは、その用語の矛盾によって、それがあるところのもの、あらゆる運動の第一原因、あらゆる生と進化の原理のままに永遠にとどまる。ただしそれは、相反するものの均衡作用によってであれ、別の二律背反への対立によってであれ、揺り動かされるかもしれない」(『理論』、二〇六頁)。弁証法のこの特別な概念の基礎にもとづいてまさにプルードンはマルクスに反対し、共産主義には相互主義を対立させようとする。弁証法的思想がいかに政治的連合主義を生み出すのを可能にしたかを示した後に、彼は今度は、資本主義的自由市場と集団主義である所有と交換のもう一つのシステムに対する持続性のある選択肢として相互性に依拠するのを正当化するために、この同じ思想が経済領域においていかに等閑視されているかを示そうとする。

自由主義に支えられた多数の個的特異性は、共産主義によって促進された国家の単一性においては解決されえないだろう。共同体的志向にそむくレッセ・フェールにも、独自性志向にそむく生産手段の共有化にも、われわれは満足できない。その一方で、われわれはわれわれを取り囲むものに依拠しており、孤独を恐れる（ある種の社会的統一性を守ることに執着する）。だがわれわれはまた束縛を嫌い、全く自由に行動しようともする（その結果、今度は、世界を動かす広大な多様性を守ることに執着する）。「悟性は絶えず統一性の中に多様性を解消しようとするにもかかわらず、この二つの原理は対峙したまま、常

弁証法の概念の基礎にもとづいて、
プルードンはマルクスに反対し、
共産主義には相互主義を対立させようとする。

に対立したままである。その避けがたい傾向とお互いの反作用から、政治的運動が由来する」(『連合』、四六頁)。要するに、プルードンの考えを古代的語彙に翻訳すれば、〈一者〉と〈多者〉は〈存在〉の広大さにおいては全き永遠性に関して結合している。その還元しえぬ緊張状態は自然において、また人間においても明らかである。われわれはこの二律背反で作られており、それを深く慈しんでいるのだが、それというのも、これら二律背反はわれわれの存在の深部と共鳴状態に入っているからである。すなわち、われわれにはそれが必要なのだ。唯一賢明な態度は、状況とわれわれ自身の調子を合わせ、矛盾の必然性を認め、その形態と行為とを取り入れ、その結果、対立するものが破壊的に衝突するのではなく創造的均衡状態を作り出すことにある。それゆえ公平さは実践的に「諸力間の均衡」として決められる(『理論』、一四四頁)。この公平さは商品交換に基づく自由経済において行われるが、そこでは労働者の協力と協同によって、公平さを獲得するために同意された利益と労働の間の比例配分の原理が保証されるだろう。このようにして、人間はその存在のあらゆる局面において自己実現することだろう。彼は自立の欲求と連帯の欲求とを同時に満たすだろう。

プルードンは個人主義を広めようとはしない——不変の社会的緊張でなければほおっ

ておくだろう、すると、状況は広範な無秩序に帰着するかもしれない。〈多数性〉をあまりに特権化しすぎると、〈連合〉へのわれらが抑えきれない欲求を阻むことになるかもしれない。プルードンはさまざまな緊張を総合的に乗り越えることをもはや望んではおらず、そうした緊張は、それらを絶対的な〈統一〉へ導こうとすることによって、それらを最終的な大いなる平和、大いなる夕べに統合するためには還元しえぬものなのだ。この場合は、生の開花にはやはり欠くことのできない〈多者〉の次元を犠牲にすることのみが行われるだろう。しかしながら、世界への無知ゆえにマルクス主義が説くのはまさにこの手の弁証法なのである。そこでは二律背反は縮小された形でしか現れていないが、その訳は、マルクスにおいては緊張は、階級闘争、つまり共産主義が廃絶すべき各経済集団の利害との対決に存在するからである。プルードンにとっては、社会的計画における真の緊張はむしろ、相対立して共存する自立への願望と共有への願望との間に位置づけられる。ところでこの対立は絶対性においては解決されえないだろう。マルクスが矛盾を通して世界を直視することを求める時、彼は本当の二律背反の唯一の要素——闘争——のことをしか心配しておらず、実際はその総合ではないものをそれの代わりにしようとするのであって、そのアンチテーゼ——愛、相互扶助、連帯——をではない。彼は〈多者〉よりは〈一者〉を選ぶ――〈統一性〉は、〈多数性〉のダイナミックな活動の下に〈歴史〉の終わりに至る弁証法的運動の進歩的最終段階に不可欠でなければならない。だが、直線的な〈進歩〉も、〈歴史〉の終わりも存在しない。弁証法は輝かしい終末論には至らないし、知恵は緊張の解決をではなく、それに調和的な形態を与えることを目指している。健全な社会的調和は、どちらか一方が排他的にもう一方を支配することがないような形で〈一者〉と〈多者〉を均衡させることで満足する。

　マルクス主義的なパースペクティブは有害であって、その理由は、それが実際は闘争の次元をしか廃止しないからだが、闘争の次元がなければ諸個人は意志そのものを失ってしまうだろう（あるいは人民は活力そのものを）。この弁証法は、国家の一時的な礼拝へと――そして少なくとも、さらに決定的な形では、強制的な共同体の分割へと――至るが、これはプルードンにとっては政治的〈存在〉あるいは集合的経済的〈存在〉における個人性の非統合的否定である。一旦そのような国家ないし財の共同体が成立すれば、政治－経済的全体性は社会的生成の晦冥な領域で個性的人間を抑圧する。そのような人間は、彼が仕向けられたかも知れないフラストレーションを引き起こすような抑圧という同じ理由で暴力的で病理学的な観点から、そのあとで影響を及ぼす恐れがあるからである。

われわれは〈一者〉の実体と同じく〈多者〉の実体にも用心しなければならない。しかし、用心は途中でやめることはできない――似たような誤りはこう言うかもしれない、人間は、相反するもののバランスを取るという口実の下に、人生のある種の領域には〈一者〉のために最適な場所を、また別の領域には〈多者〉のために最適な場所を取っておかなければならない、と。そしてその理由は――人は、極端なもののそれぞれ半分を維持しつつ、それらを別個にしたまま、ある時はその優位性を一番の誤りにしたり、ある時は二番目にしたりするかもしれない。それらは、真の大きさ――言い換えれば、対立する極性間で創造的な緊張にどこでも達することなく、さまざまな社会的ないし文化的領域で形を表わすことになるのだろう。

バランスへのこうした好みは、社会改良主義的なシステム批判に再びほの見えることだろう。自由‐社会的教説の支持者は、再分配的国家主義による諸局面の一部に限定的な資

直線的な〈進歩〉も、〈歴史〉の終わりも存在しない。弁証法は輝かしい終末論には至らないし、知恵は緊張の解決をではなく、それに調和を与えることを目指している。

本主義を推奨することで事足れりとする——その時、お互いの率直さを通して両者が評価される形で一方が過度にバランスを取ることはなく、並行して展開する過度に対立する二つが加わるのである。社会のある種の面は個人主義的で、利己的で、冷笑的な競争を掻き立てるが（それが市場である）、別の面は消費財を再分配する（それが中央集権的国家の管理である）。この場合われわれは、取り入れられた社会主義の度合いに応じて多少なりと重要な、富の相対的均等化に達している。だがプルードンの観点では、富の均等化はそれ自体が目的ではなく、義務論的なタイプの命令によって押しつけられたものである——人間の道徳的改良を目指したほうがよい。ところで、改良主義的システムのただ中では、資産の部分的平等化は、個人主義的資本主義と集団主義的社会主義——たとえばそれぞれ、利潤の支配によって保たれる金銭ずくの心性と、国家的パターナリズムによって保たれる行動の無責任性（これらは凡庸な子供じみた性格の特徴である）——の欠陥を組み合わせることによってしか得られはしない。

プルードンの精神に忠実であるためには、社会の各領域でそれぞれの極性が自分の分身と既に相互依存の関係にあるようにむしろ行動すべきだろうし、二つの対立に付き物の緊張は手つかずのままだろう。敵対する力は互いに重くのしかかることだろうし、その圧力はそれらの同盟に最大限の保証を与えるものとなろう、ちょうどアーケードの例で言えば、ドーム形の周りに全体の安定を支える側面の柱塔があるようなものである。その代わり、諸原理のうちの一つのヘゲモニーが決まれば、それまでだ！　一つの柱塔だけで建物の全重量を支え、安定が悪ければ、崩壊だ。すると、資本主義体制にしても、共産主義体制にしても、社会的構築物が右に左に揺れ動くのが見えるだろう、そして自由で改良主義的な社会主義体制では、協同の家は一方か他方の部屋次第で傾くことだろう、したがってその建物は最低限の堅固ささえ持ちえないことだろう。

対立物の釣り合いを取ることを通しては、社会的緊張（それは変わることがない）はもはや発散的でも内破的でもないだろう、つまり否定的力学をもたらしはしないだろう。それは凝集的で結合的な緊張を形成し、肯定的な力学をもたらすだろう。もはや好戦的な個人主義も争いを治める国家社会主義もなく、さらには別々の領域に応じて個人主義と国家社会主義の割合が変わることもなく、いたるところに安定した共同体のさ中の明確な個性が存在するだろう。市民たちは自立心に富み誇り高くあるだろうが、利己的ではなく、共同体は強く堅固であるだろうが、母親のようにではない。人々は個人と集団の領域を逸脱することはないが、互いを孤立させることもないだろう。共同体は重なり合い、支え合うことだろう。集団が人々の前進を刺激するがゆえに人々はますます情熱的になり、人々が集団を力強く動かすがゆえに集団はますます活気づくだろう。〈一者〉と〈多者〉は同時に姿を現わし、相反するものの一種の一致において調和しなければならない。それが、本質そのものにおいて矛盾したプルードン思想の原理であり、それゆえにあらゆる次元においてそれは現実に適合するのだ！

第十二章 協同的労働

理論がさらに持つ抽象性によって迂回したあとでは、今度はもっと具体的な形で相互主義を検討しなければならない。社会的構築物のそれぞれ――エゴイズムと利他主義、あるいはさらに自立への願望と連帯への愛――が生活のすべての領域とりわけ経済において一緒にかつ同時に表わされるにはどうすべきか？　人間の矛盾した諸傾向が極端化せずに、むしろ相互に鎮静化するのをどう確保すべきか？

まずは、賃金生活者の意気阻喪させるような増大を阻むために、大所有を犠牲にして小所有を優遇すること。小所有が一般化した体制の一環としてこそ、相互主義的社会が花開くのが見られるだろう。プルードンは国家による商業関係の補足的な組織化を推奨しているが、この組織化は、所有が中央権力の抑制に役立つというまさにその理由によって所有の抑制に役立つはずである――「明らかにされたことだが、実際、所有の乱用は国家が所有を援助しようとするその保証によって中和されるが、それは、国家の絶対主義が所有者の反発によって正常になり、正しく真実になるのと同様である」(『理論』、一九四頁)。所有に関わる権力に関しては絶対的である所有権には全く触れずに、プルードンは、しかるべき状態にある財産を守り、そして平穏裡につまりローカルスケールで、不正な競争もなく商売する別の所有者たちの権利を保証するよう提案している。この目的に対して彼は、小所有者に一定程度の保証をもたらすことを国家に要求する――すなわち、相互的で無償の信用組織、民衆の教育、輸送のような部門における公共サービスの設置、等々。経済の規制緩和を国家が妨げることになる最初は、制限法によるのでも、ジャコバン的介入主義によるのでもなく、創始者、調整役、統合者の役を担うことによってである。相互主義的環境を強固にし、それだけ小所有者を繁栄させる自主管理方式の組合《アソシアシオン》を優遇すること、国家はそれを目的とすべきである。

自立した労働者の地位は、人間の振る舞いに関して極めて積極的な影響力を帯びている。この状態で悪に屈服することが少ないほど、人はますます物質的な貧しさの状態に近づいていく——各人は労働に不可欠なものを素早く理解し、煽情的なものから顔をそむける。小所有者の社会‐経済的条件は、彼を熱意からも身をそらさせる。というのも、彼にはわかっているからだ、もっと稼ぐには血の汗を流さねばなるまいと——彼は自分自身の親方であり、自分の仕事にサラリーマンを意のままにすることはないので、自分の務めを一生懸命するためには自分以外の労働力を当てにはできない。自分にふさわしいものに満足し、仕事の辛さとそこから引き出せる稼ぎとの間で最良の妥協点を見つけるのだ。

賃金生活においては、まさに不均衡が常態化している。サラリーマンは経営者のために働く場合、必要最小限に働く傾向がある。それというのも彼の熱意は、いずれにせよ所有者の配当金よりは低い象徴的な利益分配制度の手当以上のものはほとんどもたらさないからである。そこで彼は、無気力へのはっきりした傾向を露わにするが、これは仕事におけるモチベーションの欠如をさらに助長する。ところが経営者のほうは、搾取への志向を肥

相互主義的環境を強固にし、
それだけ小所有者を繁栄させる自主管理方式の
組合（アソシアシオン）を優遇すること、国家はそれを目的とするべきである。

大化させる——部下たちが最初の熱意もないのに自らを投げ打ち、経営者自身が余分な努力をする必要なしにさらに大きな利益をもたらしてくれるようになるために、経営者が部下たちを搾取するには何のコストもかからないからである。サラリーマンの個人的投資の欠如と企業家の搾取の過剰さとの間のこのような対照は、労働の現代的退廃の主要な原因の一つとなっている。すなわち、自立した労働者においては、この種の危険な障害は見られないが、企業の規模が大きくなるにつれて増加している。現代のサラリーマンは、友愛的関係を保持するのではなく「傲慢、嫉妬、偽り」を増殖させている。雇い主は怖ろしい「吸血鬼」みたいに「堕落したサラリーマン」の搾取に取りかかり、一方でサラリーマンは「雇い主に対する陰謀を企て」始める。有閑階級たちは「労働者の実質」を貪り尽くしたし、「汚辱の中にうずくまっていた農奴はもはや憎悪のためにしかエネルギーがなかった」（『貧困』I、三五四頁）。彼らは人々を和解させるのではなく、どうしようもなく敵対させていた。

逆に、小所有の状態では、生産者たちは依然としてお互いを必要としており、自分たちだけで業務を行なうのはなかなかむずかしい。そこで彼らはみんなの最良の利益のために協力し合うことを願う——それが、プルードンが絶えず奨めていた歩みであり、相互主義にその力のすべてを発揮させるものである。独立した所有者が大自営農や大工業に抵抗するのを助けることによって相互主義が小所有を維持するのと同様に、小所有は危険な事態を避けるために個人同士が助け合うようにさせる――ここにおいて相互主義と小所有の運命は互いに結びつくのである。

田園においては、農夫たちは農業協同組合で連合できるだろうが、その場合、連合の過程がどうであれ、より大きな成果を目指して集団の力が個人の力の総計に取って代わり同業者たちと連合しながらも、彼ら自身のままでありその自由を保持することだろう。集団力が個人の力の総計よりも常に生産性が高い都市部の工場においては、自主管理の民主主義的原理こそが所有と相互扶助の正当な均衡を保証するだろう。分業の少なくとも一部が資金の増加に不可欠のものと考えられるや、多くの労働者たちが家内工業から脱し、協同で労働し、今度はより広範な結びつきの中に入って行く社会の核を形成するのが見られるだろうが、そしてその結果、「車輪と車輪のように人が人に（結びつき）」、そして「従事している産業、仕上げるべき仕事がそれに関わる人すべてに共通で分割しえぬ所有（となることだろう）」。そのような工場の決まりは次のようなものとなるはずである――「その職務は選択制で、規則は参加する者の選択に従うこと。参加者はすべて、職務に応じて、会社の責任に対すると同様に利益の分担に応ずること。各人は、組合《アソシアシオン》を随意に離脱するのは自由であること」（『革命』、二五六頁）。

経済的領域においては、政治的領域の別の水準で推奨された補完性原理〔＊一〇四頁参照〕を付け加えることもできよう――相互主義は連合主義の実に結構な経済的埋め合わせである。小生産者によって企てられうるものはすべて、彼によって、彼のみによって、全き自立性によってそうであるべきであり、また、彼の労働手段および彼が作成する生産物の占有に帰着すべきである。しかしある一つの行為が諸力の連携を要求するや、人々は互いに協力してそこから共有の利益を引き出さねばならない。労働者の意志は所有権によって優遇され強められるだろうが、一方、連帯は組合《アソシアシオン》の原理によってその権利を守るだろう。

この側面によっても、もう一度言うが、人間の本性の両義性《アンビヴァランス》に関しては何ら変わりはあるまい（われわれを利他的でかつ欲得ずくの人間にするのは、まさにこの同じ双頭の意志である）。だが、人はこの両義性の均衡を取ろうとするだろう。野心と勇気による良き闘争があたう限り実を結ぶようにとし、また、嫉妬と怨恨による悪しき闘争が消え去るようにとするだろう。また人は、われわれの愛が、もっと感情的でなよなよとしたものの中でではなく、もっと成熟し、もっと尊敬に値する――連帯の意味で――ものの中で広がるようにとするだろう。人は社会的に適合した均衡によって、力を運ぶわれらの意志の表現を優遇し、弱さを運ぶそれを麻痺させるよう努めることだろう。

いつものようにプルードンの観点は実に道徳的な視角から出てくるが、それはしかし善悪の原理あるいは義務の非人格性によるものではなく、自我の発達と感情的構造化の合目的性によるものである。小所有と相互主義の体制は、われわれの内的存在に刻印を残す心理学的類型のようにわれわれのある種の態度を助長する。社会において所有制の均衡を保つことは、人間と世界との類比的関係に応じてわれわれ自身を調和させることになろう——ちょうどわれわれの均衡＝調和を道徳的に保つ行為が、過度な貪欲さからわれわれの身を背けさせ小所有を強固にするように。

資本主義における際限がなく嫉妬深い欲望と共産主義における無気力で思考力を失わせるような非人格化、このような二つの極端さの間で均衡を保つ方法は、統率され、まさしく人間的で、文明化された意志を尊重することだ。統率され均衡を保ったこの意志に社会＝経済的に相当するもの、その物質的な素因は、人類の進歩を保証する相互主義的小所有以外のものではない。内面的に進歩することによって、個人は心理的・道徳的な状態を変えることはない——彼は聖者にはならない（霊的な聖性という意味で）が、潜在的な偉大さのように徳性を強固にしてはいる。所有権の厳密で実践的な擁護に基づいた相互主義の存在理由は、人間を高めることにある。

だからといって、プルードンを楽天主義とは見なさないでいただきたい。彼は人間性に関してきわめてニュアンスに富んだ見方をしており、フランスないしヨーロッパの風俗の状態もあらゆる時代の男女の肉体的欲望も理想化したことは一度もない。彼は、土地の所有が自然への愛を抱かせると見なされていた農夫自身が、周囲の土地を搾取することしか考えていないとまで主張している。結局、これに関して何の驚くことがあろうか？ 同様の言葉は人生のあらゆる領域に加えられている。宗教の偉大さがどうであろうと、信者たちの多くはそれがよりよい財産に値しうるような迷信と贖罪の祭式の寄せ集めとしていつも受け留めている。そのことで、信仰がさらに正しく神的なものに向けて高まるよう、また、さらに正当な精神性を取り入れうる人々が増えるべく少なくとも努めるよう、信仰を改革することを哲学者に禁じるべきだろうか？ 同様に、所有を改革することによって、すべての所有者が正しく、厳格で、親切にはならないが、しかし、そう望みうる限りは、彼らの感情を高める一因とはなろう。

しかしながら、大きな問題が残っている。所有はどんな条件で均衡を得たものとして見なされうるかを、プルードンは説明する。つまり彼は、所有の広がりを限定し相互主義を尊重するようわれわれを促すのだが、それは、個人主義と集団主義のいい側面を最もよく組み合わせ、それらのマイナスの結果を制限するためである。われわれは、人間の本性の両義性に適合した、そして破壊的ではなく創造的な力学の中にわれわれを形成する二律背反を作動させやすい社会的枠組みを採用すべきである。ところが、どこへ向かうべきか、どんな社会が価値があるかは語るのに、どんな手立てによってその均衡に達しうるかをプルードンは明確には説明していない。彼はこの点に関しては、とりわけ晩年にはペシミスト以上ですらある。あまりにも直接的に国家を介入させるのを彼は嫌がるのだが、それは、法律や官僚政治が集団生活を良くするのではなくその活力を弱めてしまうと考えるからである。一般的にプルードンは、実際の行動を調整するのに国家の法律に訴えるのをあまり好まない（それゆえ彼は、権力を制限する法律を制定するよりは、小規模所有者に保証をもたらすようなある種の公共サービスを国家が組織することを選ぶのだ）。すぐれたモラリストとして、彼はこう考える――法律が増えれば増えるほど、道徳的感覚の伸展はますますむずかしくなると。その訳は、その時市民は善意によって――すなわち正義の統合によって――ではなく抑圧への恐怖から善をなすからである。合法性の領域が増えるほど、正統性の領域が後退する。ところで道徳的感覚はわれわれの尊厳を保証するものだが、それは、国家の強制によってわれわれには拒まれている自由や責任に基づいている――「(…) この道徳的感覚は、愛、労働、藝術に関してと同様、所有に関しても同断であるはずである。所有者はあらゆる理由と手段を超えていると考えるべきだというのではない。すなわち、(所有者の身分において) 法律がいかに絶対的であろうとも、ほどなく彼は苦い経験を通じて、所有は乱用によっては存続できないこと、また、常識と道徳に屈すべきことに気づくだろう (…)。ただし、真実と道徳への所有の従属が自由意志によるものであることが正義の進歩にとって重要であるのと同様に、この目的には所有者はみずからの活動の主人であるべきであり、いかなる義務も国家によって課されはしないだろう」(『理論』、一六四頁)。

したがって法律に対してはプルードンは反抗的である。経済的スケールの改革を課すために彼は法律を当てにはしない。同様に彼はあらゆる武装革命に自分は反対だと言う。それは無用なことだと彼は考えている。なぜなら、人々が唯物主義によって堕落している限り、また、真実で純粋な精神的な感情によってわれわれの魂が変革されず、深い道徳的変化がわれわれを名誉あるものにしない限り、どんな政治的決定も所有を再び均衡化するには十分ではないだろうからである。社会組織が変われば、われわれの倫理的存在にはおそらく好都合だろう。だが、均衡を得た思想を受け入れるには人々があまりにも堕落していたならば、専制による以外にそのような再組織化をいかに受容させるべきなのか？　プルードンはあらゆる専制を小児病的なものと見なすゆえに、もちろんこの解決を拒絶する——国家主義は個人の責任を免除することを内に含んでいる。

文化的なもの、政治的なもの、経済的なものは相互に関連しあっている——社会の過程は悪循環か好循環の論理に関わっている。この問題にいかなる一義的な解決もない。革命的運動家たちは誤ってこう考える、自分たちが政治的制度を変え、経済の機能の仕方を高度に導けば、世界はうまく行くだろう、と。われわれは逆に、根底からの転回を引き起こすためにあらゆる領域で、とりわけ忍耐強く行動しなければならない。専制的権力の拡大が形成するような人間ドラマとは別の、政治的・経済的分野に限局した革命は脆弱なもの

真の進歩というものは、文化の秩序を含め
社会のあらゆる局面の
緩やかな成熟を要求する。

かもしれず、それは、心性のあり方とはあまりにも深いギャップがあるかもしれない。真の進歩というものは、文化の秩序も含め社会のあらゆる局面の緩やかな成熟を要求する――「能力の未熟さが労働者を捉えている抑圧状態から彼を開放するためには、彼を教育によって訓練し、充足感によって高め、徳によって成長させなければならない」(『貧困』II、三七四頁)。この力学が否定的な場合には、もはやそれをひっくり返そうとするしかない。しかし、このような奇跡は一日では得られない。正義のための労働は、まずもって哲学の、教育の、そして藝術の労働――文明の労働以外のものではない。

第十三章

モラルの必然性について

人類の未来はなによりも民衆の生活慣習の質にかかっていると、プルードンは確信していた。相互主義も連合主義も、ともに労働者および市民の大きな個人的投資を伴う。共済組合ないし協同組合を整備するためには、有志の人々が会社を創設するのだが、その場合の収益は彼らが独占するのではなく社員全体に公平に分配されることに合意しなければならない。ところでわれわれの大半は、集団に利益が上がるのではなく個人的に利益があるように自分たちの勢力や資金を投資するのを好むものである。

人間は時に、純粋な仲間意識から広範な連合の計画に危険を顧みずに身を投じることを受け入れることがある。さらにまた別の者は、連合の原理に基づく社会が簒奪に基づく社会よりも調和を保証し、長期にわたって有益であることを理解する。彼らはまた、連合主義が地方政治の領域や経営参加の理想の重要性を認めつつ、市民的共同体を再び結束させ、専制政治への歯止めとなることがわかっている。その時、活動を担う者たちの積極的態度は、しっかりと根を下ろした、理性に支えられた確信の果実となる。しかしながら、そのような見識の高さはかなり稀れであり、魂の偉大さには常に眠りの時があることも認めなければならない。

多くの人々が同胞たちとなごやかに暮らすことをあまり気にも留めず、自分たちの行動にもはや責任を取りたがらない。また、自分たちに委ねられる自由の幻影がいかに僅かであろうと、優し気な専制君主が彼らに「思考する苦痛までも」――トクヴィルの定式によれば――免除してくれることに喜びすら覚えるのだ。行動的市民たることが人を疲弊させることであるように、自らの主人（雇い主）たることも人を疲弊させる。つまり、相互主義的で連合主義的な体制はわれわれに全面的に関わることを要請するだろう。まっとうな社会にはその成員を徳性に向かわせるメリットがある。ただし既に徳性のある労働者や市民のみがそのことを気に掛けるだけかもしれない！　そうでない者たちはそのような気づかいを取るに足りないことと見なすことだろう。ここに、状況、公開討論会、さらには読書活動に関わる連合の計画の重要性がある。政治的・文化的なあらゆる自発性は人々の心を刺激し、そのモラリティを鍛えることに与って力がある。教育がなければ、民衆は牛馬のごとく駄獣のまま、抵抗もできぬままだろう。

資本主義の世界は、既にわれわれ人類と切っても切れぬ道徳的凡庸さを助長させている。対してわれわれにはもはや、社会に作用する悪、日々ほんの少しわれわれを堕落させる悪に立ち向かう手立てがない。プルードンはこの諸価値の現代的危機の中に自由主義経済の主な原因を見ていたが、同様に、自由主義経済の中に諸価値の現代的危機の主な原因を見ていたのである――「いい意味でも悪い意味でも道徳秩序の中に起こるあらゆる動きは、力強い反応がない限りは経済秩序の中にも似たような動きをもたらすが、その逆もそうである。(…)こうした動きのそれぞれをわれわれは別なものの表われと尺度として捉え観察することができ、たとえば人口と富の統計においては、鏡に映したように公衆意識の状

プルードンは諸価値の現代的危機の中に
自由主義経済の危機の主な原因を見ていたが、同様に、
自由主義経済の中に諸価値の現代的危機の主な原因を見ていた。

態と道徳関係の諸結果が観察できる」（『正義』Ⅲ、五三五頁）。あまりにも安楽さの時代にあって、次のようになるまで過剰に快適さを求めることは有害である、すなわち、「人々が結婚や家庭をおざなりにし始める時。また、快楽のいつもの友である贅沢と享楽への熱狂が上流階級を支配し、次に下層階級にまで降りてくる時。通常の生産手段がもはや需要に対応しない場合。輝きの失せた宗教には支えもなく、懐疑主義と政治的混乱によって歪められた〈正義〉がもはやエゴイズムを抑えるには足りぬ時。そんな時、道徳秩序の中で破壊された均衡ゆえに、経済はたちまち不安定になるだろう」（『正義』Ⅲ、五三五頁）。

プルードンは、自由にものを得ようとする欲望と金儲けへの過度な誘惑を非難していた。だがこれは彼が謙虚さや自発的な質素さの護教論者だということではない。富の蓄積が悪徳だとすれば、ソフィステケーションへの欲求が完全に賞賛すべきなのは明らかだ。洗練された生活様式を望む者は誰でもその良き趣味を表わすが、そうした差別化への配慮は称賛されるべきである――「人間は自然に従っては何もしない。つまり彼は（…）もったいぶった動物である。気取りがなければ、彼の気に入るものは何もない」（『貧困』Ⅱ、三六二頁）。それに対してわれわれは、物質への崇拝を禁じなければならない。というのもそれは、成熟へのあらゆる欲求を失わせ、他者に対して無感覚にさせるからである。

プルードンは道徳《モラル》のプラグマティズム的概念に特別な意味を与えていた。それは、普遍的に価値があると見なされた定言的命令としてではなく、むしろ理性の操作上の規則としての倫理的思想を考えていたということを意味する。エゴイズムはある場合にはきわめて有益なものとして示される——それが富の不均衡、あるいは社会生活を蝕む恐れのある自閉的不均衡に通じる場合には、もっぱら抑止されなければならない。善や絶対的悪に照らしてというよりは、まさにプラグマチックにそれが有害なことが明らかにされるのだ。

プラグマチックな道徳は社会的効用性を気にかけるが、また個人の成熟も気にかける。したがってそれは、徳性による幸福の追求であるユーデモニスム〔幸福主義→エウダイモニア〕に、あるいはまたより大きな充足のために自己を完全にすることを意味するアレティスム〔アレテー（徳）→ソクラテスが唱えた「知恵・勇気・自制・公正」の四大徳〕に属している。道徳にかなう行動を取り入れた者は、自らのうちにその特徴の最良の諸相すなわち勇気、自制、適応の順応性等々をさらに強固にする。野蛮な情念に身を委ねた人間は、何一つ見分けられぬ、判断力を欠いた愚か者にすぎない。一方、文明化された人間は、さらなる深み、厚み、実質とともに生を味わうに至る。

欲望は正当なものである。それはわれわれを行動に向かわせる原動力ですらある。だがそれがさらに高度な表現に達するには理性による訓練がなされなければならない。人間はそこから出て、「そのすべての力の中で聖化され、労働によって抑制され、藝術によって気高くされ、愛によって精神化される」。人間は節度あるものとなり、その結果、「理性に続いて、均衡が、すなわち平静さが、喜びが現れる」(『貧困』Ⅱ、三六六頁)。しかるべき振る舞いによって周囲に広められる調和、融和、充足を通してわれわれを幸福にするのは、まずもって理性的行動による社会的生産物などではない。われわれは、われわれ自身がみずからにもたらす調和、融和、充足に応じて幸福なのであり、そしてそうした調和等が次に、われわれがそうであるものの自然な表現として、しかるべき振る舞いをわれわれに取らせるのである。

プルードンはニーチェよりも前に、「藝術家としての人間」のモラルを入念に作り上げていた。彼がよく言っていたことだが、藝術は、作品に対してよりも生それ自身に振り向けられる時にその絶頂に達する。藝術家としての人間とは、その存在のすべての局面において開化し、その振る舞いを陶冶し、その気質を洗練させ、その姿を強化する者の謂いである。彼は優雅さを、気配りを、機敏さを示すことができるのだが、それはこれらの徳性がモラルの諸相であるからだ、ちょうど美が善の反映であるように――「絶えず自らの目および他者の目に自身を高く持しつづけ、(徳性ある個人は) その振る舞い、衣装、言語に気を配る (…)。粗野な振る舞い、無礼な所作、不吉な言葉遣いを控えることはしつけのよい人間の最初の義務である。優雅さあるいは丁重さは、藝術のさまざまな効果のうちで最初にして現在に至るまで最も確実なものである」(『藝術』、三七〇頁)。プルードンは美学のプリズムを通して道徳を考えていたのであり、それを人間活動を具現化する能力としていた。

伝統的な知恵は同種の哲学的前提に基づいて支持されていた。ギリシャ人、ローマ人、あるいは中国人においては、発達に関わる要求の多い理想の名の下に義務論的なドグマは反駁されていた。すなわち、人間は卓越することを目指すが、それは義務からではなくて、存在の合目的性に向かうがゆえであると。われわれの使命は、開花を通して成熟する植物のそれに例えられる。したがってわれわれもまた、われらの本性を満たす理想に到達すべ

プルードンはニーチェよりも前に、「藝術家としての人間」のモラルを入念に作り上げていた。美学のプリズムを通して道徳を考えていたのである。

く、花開き、花びらを広げなければならない。こうしてわれわれは文明化され、まさにそのことによって幸福になるのである。人間は実際、努力、闘い、闘争を通してしか花開かない。無為は、生への熱意と性向を無化する麻痺状態にわれわれを陥れる。相互主義的–連合主義的社会ならば、雇い主や君主への服従よりも社会が要求する内的動機において、われわれの意志を強固にすることができることだろう。この社会はわれわれの実存の想いを強め、さらにはわれわれを組織化する自己鍛錬をわれわれに課す。

状況に対するこのヴィジョンは欲望の亢進を妨げない。それはもっぱら獣のような表現を妨げるのだ。これは、性的な領域においては、われわれは理論上、古代文化におけるように風俗の大きな自由を認め得るだろうということだ。プラグマティックでユーデモニスム的、アレティア的な道徳の基礎においては、性の洗練として愛する存在を尊重するエロティシズムに高い価値を与えるのを禁ずるものはとりわけ何もないだろう。これは、相手を物のレベルに還元し稚拙な形でしか欲望の対象としないポルノグラフィーとは対照的である。

ところがプルードンはまるでこの道を採らなかった！　彼は性的問題に対してはとりわけ厳格ですらあった——彼のピューリタニズムはほとんど神経症同然であったのである。

おそらく幼少期から引きずったキリスト教的な過度の貞潔感の虜のままだったのではないか。いずれにせよ彼は、自分の道徳概念の果てまで行きそこから最終的な結論を引き出すことはしなかった。結婚の頑固な擁護者たる彼は、「内縁関係」と「放蕩」を告発し、「恋愛」のまともな目的地は「貞潔」であると断言してはばからなかった（『貧困』Ⅱ、三六五頁）。彼は女性に対するあまりにも男根支配的《ファロクラティック》な考え方を有していたので、ページの長きにわたって提供される珠玉の女嫌い《ミソジニー》を検証するのにわざわざ一冊の本は必要ないほどである――「完全な人類は（…）――と彼は書いている――それは男性であって、彼はその逞しさによって筋肉と神経の最高度の緊張に達し（…）、またそれによって労働と戦闘においで最高度の行動に達する。女性は人間の指小辞《ディミニュティフ》〔接尾語の一つ。しばしば軽蔑的〕であり、この存在には青年以外のものになるには器官が一つ欠けている」。もっと先にはこうある――「身体の優美さ、肌の優しさ、乳房の、腰の、骨盤の豊かさ。その代わり、脳が狭く、圧縮されている」（『正義』Ⅳ、一八二頁）。このアンソロジーをもっと続けるべきだろうか？

プルードンはほかの場合でもホモセクシャルやユダヤ人のように多くの侮辱的言辞を吐いているだけに、女性へのこの度を越した憎悪を許すのはむずかしかろう。彼のために弁護するとすれば、こうした態度は一九世紀には、とりわけ社会主義者界隈ではしばしば見られたことを想起してもよい。とはいえ、彼の呪詛の暴力性はあまりにも度を越していた。

そのとげとげしさを低く見積もることはできないこうした繰り返される言辞にもかかわらず、プルードンはほかの多くの点では開放的であった。家父長的な家庭を称賛すると同時に、彼は保守的なブルジョワジーの偏狭なキリスト教信仰に代わるものを探し求めていたと思われる。彼は、カトリック教育に由来する因習的な要素と反因習的な性格との間で引き裂かれ煩悶した人間であった。彼は友人ギュスターヴ・クールべの青春の放埒さや節度を逸脱するのを難じながらも、その奇矯な振る舞いを擁護するのは躊躇わなかった。この画家は忘れがたいスキャンダルとともに有名になった。たとえば一八六六年にクールべは『世界の起源』というタブローを発表したが、この作品で彼は女性の性器をクローズアップして示したのである。この時プルードンは既に一年前に亡くなっており、この破格の画布を彼がどう評価したかはわからない。だが生きているうちは彼は、批評家たち・批判者たちの攻撃に対してきわめて精力的に画家を擁護したのである。

プルードンはクールべにおける感傷的なものの拒絶と仲間内だけの合意の拒否を称えた。藝術は美の理想をわれわれに提供するが、どんな場合でも存在を理想化してそれから甘ったるい幻想を作ってはならない。われわれはわれわれの希望と野望を世界それ自体の上にあるがままに、その全き生々しさと複雑さとともに、ユートピアとか幻想《ファンタスム》の夢でわれわれを惑わせることなく投げかけるべきである。藝術は務めとして、「最も深刻なものも最も軽妙なものも、最も賢明なものも最も気まぐれなものも、その作品総体において、人間の生を描き、その感情を、情熱を、美徳と悪徳を、労働を、偏見を、滑稽さを、熱情を、偉大さと恥辱を、あらゆる良きあるいは悪しき習俗を、一言で言えば、個人的にして集団的な、典型的な表現による形式を、そして人類の肉体的、知的、道徳的改良のための、それ自身による正当化のための、そしてついにはその栄光のためのすべてを表現するのである」(『藝術』、三六九頁)。プルードンは、その結果がわれわれを子供じみた、小心翼々なものにするような純粋主義を拒否していた。人間の本性の亀裂にわれわれを直面させることによってこそ、藝術家や哲学者はわれわれがよりよきものとなる手助けをするのだ。道徳的体制順応主義は絶え間ない危険を表わしていて、それはわれわれ自身が再び問題とされる苦悩からわれわれを逸らしてしまう。われわれは、ニヒリスト的な幻滅にも、善や正当な権利への盲目的な狂信にも譲歩すべきではない。

こうした説明はプルードンのつまらない恐怖症を何ら無化するものではないが、女性、ホモセクシャル、ユダヤ人に関する主張を（とりあえず）脇において、彼の道徳的思考の本質を維持する助けにはなる——倫理は抑圧的な原理を押しつけるのではなく、人間生活により気高い目的を与えることを目指すものだからである。つまるところ、あらゆる価値の体系は肉欲の糾弾ないし罪の強迫観念に帰着するものではない。歴史の過程で、ブルジョワ的キリスト教とは全く異なる道徳が生まれたのが確認されている。古き異教は快楽主義的洗練に高い価値を与えていたし、その中のいくつかは女性性に支配的な位置を認めていた、たとえそれがケルト人においてだけであっても。宮廷恋愛（フィナモール〔至純の愛〕）に関連した中世の騎士道的倫理はそのもう一つの、たぶんもっと象徴的な例証である。そこにおいては欲望は貶められてはおらず、もっと崇高な、道徳によって支えられ成熟させられた、衝動的ではない形で受け入れるべきものであった。ホメロスのギリシャに関して言えば、彼らは英雄的精神の生気論的崇拝を露わにしていたが、それは修道士の禁欲主義や自己を鞭打つ苦行主義とは全く相容れないものだった。プルードン自身、キリスト教以前の哲学や風俗に好意的なまなざしを向けており、その教義への軽視や霊的な精神主義がないことを称賛していた。おそらく彼は、そのような思想ならば新しい道徳のベースになり、彼の思想のほかの部分ともさらに適合するかもしれないと漠然と感じていたのだろう。彼によれば、このような考え方の方向こそ、古代人の文化を復権させようとしていたルイ・メナール〔一八二二－一九〇一。社会主義者にして化学・文学・藝術にわたる多才な存在。コロジオンの発見者でもある〕やジョルジュ・ソレルのような社会主義者たちが目指したものなのである。

プルードン的アナーキズムは、国家による「組織された無秩序」に対して社会秩序の要素としての美徳に訴える。反独裁的体制においては、人間が善をなすのを抑圧するものは何もない。文明の目的は依然として「あらゆる個人が正義の権利を行使し、権利の器官および法の僕となることである。このことは成文法や法典の廃止に帰着する。ありうべき法が最小限であること――私は法規に関する命令や公的規約のことを言っているのだが――、それが明らかに高度な道徳性の（…）原則であり、それによって自由な人間のみが奴隷と区別されるのである」（『理論』、一六四頁）。われわれは風習の改善指導運動において、社

プルードン的アナーキズムは、国家による「組織された無秩序」に対して社会秩序の要素としての美徳に訴える。反独裁的体制においては、人間が善をなすのを抑圧するものは何もない。

会を変革するために政治を当てにすべきではない。人々によって高められた風習こそが政治を変革することだろう。自発的意思ではなく強制によって維持されるような改革はすべて、当然のこととして、統制経済的なものとなる。つまり、社会的進歩は、人間の内的な道徳的押上げではなくて、外的な圧力の結果であるということになろう。しかし法律を拒否するにはペシミズムを治さなくてはならない。なぜなら、社会を変えるために道徳に依拠せざるをえないならば、社会が根本的に変わるための希望はほとんどないからである。

プルードン自身が「明るい未来」など信じていない以上、われわれも如何なる幻想も抱かないようにしよう。人間は断じて全員そろって、純粋で高潔な感情に突き動かされたりはしないだろう。人間はどんな事態でも決して成熟は可能ではないだろう。これは、社会もまた決して完全ではないだろうということだ。どうでもいい、とプルードンはわれわれに言っている！　われわれは、個人的にではあれ集団的にであれ、できる限り完全を目指さなければならない。頂上からではなくて底辺から計画を実行しようではないか。相互主義的なイニシアチブを積み重ねようではないか。日常生活でも人生の危機的瞬間でも正しく誠実でいようではないか。運命が恵まれていることにわれわれ自身寄与することを条件に、運命の失望を受け入れようではないか。失敗しないように努めつつ、失敗を甘受しようではないか。

これがアナーキストのモラルである。アナーキストはモラルを必要とするが、それはまさに法律の束縛のないことを求めるからこそなのだ。

第十四章

神とともに、それとも神なしに？

プルードンは道徳に多大の重要性を認めていたが、宗教は信じていたのだろうか？　ひと目で否定的な答えが出ることだろう、それほどに彼は自分の著作で神と教会への攻撃を繰り返している。彼はそれらが人間の責任を侮辱していることをとりわけ非難する。「道徳、正義、秩序、法律」は「見知らぬ、非知性的な、いわゆる創造者によって、高みからわれらの自由意志に強制されることで啓示されたもの」（『告白』、五九頁）であるという考えを捨て去ろうではないか。それゆえ、良識のある自由な人間の最大の務めは「自らの精神と意識から神という観念を絶えず狩り立てることである。なぜなら神は仮に存在するとしても、われらの本性に本質的に敵対するものであり、われわれはその権威に少しも依拠していないからである。われわれは彼に逆らって科学を、彼に逆らって幸福感を、彼に逆らって社会を手に入れた――われらの進歩のどれもが神性を打ち砕くことにおける勝利である」（『貧困』Ⅰ、三八二頁）。

こうした燃えるような定式にもかかわらず、プルードンは実際は時にそう思われるほど反宗教的ではなかった。まずもって彼はキリスト教の中で育ったからであり、この教育に逆らったとはとても思えない。およそ一八四〇年頃まで、彼は公然と理神論者の位置に同意し、平等と友愛の神を説くだろう。次にもっぱら、教会に対する彼の敵意は、信仰に嘲弄された経験的理性の名の下に、そして使徒の権威を負わされた教導権ゆえにさらに強められるだろう。しかし彼は無神論者というよりは不可知論者のままであり、宗教に対する闘いが、ロベスピエールおよび一七九三年の恐怖政治によって導かれたように、人間を抑えがたい精神的気質で切断することに帰着したと考えるだろう。プルードンは神学の虜になっていた――「生まれてこの方、私は神のことを考えており、――と彼は書いている――そのことを話す権利を私以上に持っている者を知らない」（『正義』Ⅰ、二八三頁）。

この哲学者は、あらゆる人為的形式を拒絶したように聖職者中心主義と教条主義を拒絶していたが、彼がほとんど汎神論者的に考えていた天上的なものについては盛んに論じていた。超越性や形而上学的作り話には冷淡だったとはいえ、彼は、幻滅した無神論の使徒というわけでは決してなかった。一八四七年彼はフリーメーソンのある支部に入会していた、当時フリーメーソンは錬金術と神智学にどっぷり浸かっていたにもかかわらずである（今日のように、世俗主義ではなかった）――「フリーメーソンの神は〈本質〉でも、〈原因〉でも、〈魂〉でも、〈モナド〉でも、〈創造者〉でも、〈父〉でも、〈ことば〉でも、〈愛〉でも、〈助け主〉でも、〈贖い主〉でも、〈サタン〉でも、超越的な概念に通じる何ものでもない。つまりおよそ形而上学はここでは排除されている。それは普遍的な〈均衡〉の人格化である。すなわち神は〈建築家〉である。彼は〈コンパス〉を、〈水準器〉を、〈曲尺〉を、〈ハンマー〉を、あらゆる仕事と測定の道具を持っている。道徳秩序において彼は〈正義〉である」（『正義』Ⅱ、一一二頁）。この言い方は唯物論者的な見方に還元されるものではない。プルードンは、精神世界と物質世界の切れ目を否定する内在論的立場を擁護していた。それは、神の精神は物質を注入しそれと混ぜ合わされるということである。世俗の生は内在的な聖性を与えられ、驚異的なものを担うものである。人間自身が神的な輝きの一つの破片である――「神、自然、人間は一にして同一な〈存在〉の三重の局面である。人間、それは千の旋回運動によって自己意識に達する神そのものである」（『貧困』Ⅰ、一〇頁）。

プルードンは時に連れて、異教の宗教にますます魅了されているように思われた。彼にとって自然は生き生きとした本質（現代で言えば「生態系」）、つまり人類がその有機的な構成要素にほかならない内在的な〈全体〉として現われていた。そのような点でわれわれは「人間の生業の中に創造的活動を補うものを見る」ことができ、また、こうしたヴィジョンが「人間と人間が住む地球とを連動したものにする」（『貧困』Ⅰ、二六頁）のである。宇宙の全体性は潜在的に力強い神秘的な飛翔の源泉である。人類は宗教なしで生きるようには作られていない。すなわち、われわれが神から顔を背ける瞬間に絶望と苦悩がわれわれの心を占める。確かにわれわれは天上的なものに決して服従すべきではないが、むしろそれにわれわれを向き合わせるべきなのである（王を前にしたように〈創造者〉の前に跪くキリスト教の信心家のようにではなく、英雄的な古代の民衆に倣って）。人間は、地上における神の営為の継承者である。だからわれわれには、創造をよりよくするためのあらゆる手段によって行動する責任があるのだ。だがわれわれは、物事の基底そのものにおいて世界の不思議な調和を象徴するこの精神的〈存在〉に敬意を払うことでまた進歩する。

人生のより良い理解も、われわれの実存的な成熟も同様である。宗教の現代的凋落は、絶対的なものとの関係が失われていることを意味する。「神々は去った——人間はもはやそのエゴイズムの中で倦怠し死ぬしかない」。その時、一体どんな「恐ろしい孤独」がわれわれの周りに広がり、魂の中に穿たれていることか！　精神的な意味の喪失は「滅亡に似ている」。神なき人間はもはや「影」（『貧困』I、一一頁）でしかない……

注釈者たちは、プルードンが古代の賢者たちに——彼らをあまり読んでいなかったとしても——どれほど親近感を抱いていたか、あまりにもしばしば忘れている。彼は道教の伝統同様、老子を参照していたし、また、古代中国の諸宗教をその鋭い洞察力のゆえに称賛していた——「その結果、二千年以上前から中国はその民間信仰においては西欧哲学の最近の成果に達していたのかもしれない」（『貧困』I、四頁）。古代中国に親しい〈道〉の思想は一元論的に現実を考えるのを可能にしている——現代西欧人が二元論的・二律背反

異教の宗教に魅了されていたプルードン。
彼にとって自然は生き生きとした本質、つまり人類がその有機的な構成要素にほかならない内在的な〈全体〉として現われていた。

的な言辞（善と悪、真実と誤謬、進歩と反動、聖と俗、単一性と多様性、等々）で現実を捉えるところで、古代中国人は、すべては自然につながって（*lié*）おり、すべてが人間によって文化的に両立（*concilié*）させられている場合に人生は最高な状態にあることを理解していた。善も悪もない、ただそれぞれの存在理由である利他的傾向か利己的傾向があるだけだ。真実も誤謬もない、ただ多かれ少なかれ根拠のある解釈があるだけだ。進歩も反動もない、ただ過去に根を張った未来への歩みがあるだけだ。聖も俗もない、ただ実存の中にそれぞれの存在とそれぞれの物を注入する内在的な神性があるだけだ。単一性も多様性もない、ただ無限に変化させられた単一な世界があるだけだ。以下同様。

マルクスの唯物論はうわべだけのものである――それは転倒された形での以前のキリスト教的精神主義に似ている。事実、中国人がわれわれに教えるように、唯物主義と精神主義は同時に二つとも真実である――「人間は彼自身において物質的原理と精神的原理とを分けているが、自然そのものが代わる代わるその二重の本質を主張し、そしてそれ自身の法則を証明するのとは別のことなのだろうか？」（『貧困』I、一七頁）。物質的なもの同様、精神的なものも信じなければならないが、どちらも精神の角度ないし肉体の角度から捉えられた自然の二つの面にほかならない。肉体をおろそかにして精神だけに満足すれば、形而上学的作り話、教義、摂理の幻影に身を任すことになろう。だが、精神をおろそかにして肉体だけに満足すれば、幻滅、空虚の幻影に屈し、すべてはどうでもよいものになろう。「無神論、言い換えれば人間主義は（…）、もしそれが自然のままの人間にこだわるのならば、また、人類が神の娘であり、発現、似姿、反映、言葉であるという人類の最初のこの断言を誤った判断として退けるのならば、さらなる矛盾でしかあるまい」（『貧困』I、二二頁）。

次のような理由で、プルードンはアメリカ・インディアンの汎神論的多神教へ高揚した賛辞を送っている――「世界は偉大なマニト〔北米インディアンのアルゴキン族が信じる超自然力を持った精霊のこと〕によって守られた偉大な呪物《フェティッシュ》である、と野蛮人は言う。三〇世紀の間、文明の詩人、立法者、賢者たちは代々哲学の灯を伝えながら、この信仰告白以上に崇高なものは何ら書かなかった」（『貧困』I、二〇頁）。若干の哲学がわれわれを宗教から遠ざけるとしても、多くの哲学はわれわれを直接そこに連れていく。そして、「神に対する長きにわたる陰謀」の末に「（…）解放された理性はわれわれを野生の理性に連れ戻す」（『貧困』I、二二頁）。

異教は現実的なものの矛盾を露わにし、その矛盾を乗り越えようとするのではなく、矛盾と調和して生きるようわれわれを引き入れる。古代の知恵におけるのと同様プルードンにおいても見出される調和の理想は、戦争に一義的に対置されるような平和の状態に帰着するものではない。この理想は諸力の最適な均衡を目指すのだが、こうした力は無くなるのではなくて、集中的で豊かなものに還元されるのである。この調和は、すべてが停滞ではなく戯れ《ジュ》と生成であるような生気論的な構想に立脚している。世界は異教徒たちにとって生き生きとした存在である！　それには意識が与えられているわけではない（宇宙の内部の唯一の意識器官はおそらく人間である、ちょうど人間の内部の唯一の意識器官が脳であるように）。だが宇宙は原初的な脈動で振動しており、その脈動にわれわれは適応し、そのあるがままの同じ調子で振動し、均衡とそれに付随するものを完成させる技術によって節度のある社会秩序を組織するためのリズムを感知しなければならない。

古代中国に親しい〈道〉の思想は宇宙のえも言われぬ原理を表わしているが、その原理には宇宙の潜在性の総体が凝縮・融合されている。老子は「〈タオ〈道〉〉の名の下に普遍的理性と無限の存在とを一体化させる」（『貧困』I、四頁）。この、現実的なものの相反する原理による絶えざる一体化こそ、〈道〉の思想を現代人に難解なものにしているのであって、それというのもわれわれの宗教的・形而上学的習慣は、その一致点すら見分けられぬほどに矛盾《アンチノミー》を決定的なものにしてしまったからである。われわれは一元論および反二元論的論理をなかなか回復しにくくなっている。われわれの理性は、啓示的一神教の独断的な二元論に歪められているのだ。忘れられた古代の神は、言わばフリーメーソンの神を通してしか回復されない――「均衡。すなわち、これが形となる観念だ、姿を現わす観念、理解される観念、分析される観念、背後に何の謎も残さない観念だ。あらゆる関係は方程式の形で二つの状態を含んでいる。したがって、関係と均衡は同義語であり、そこに誤解すべきものはない。均衡あるいは関係の観念については、フリーメーソン団がその神的存在の概念について詳細に論じている」（『正義』Ⅱ、一一二頁）。

だが、このような神はいかなる場合でも、人類を地上の楽園に導く保護者たる、摂理たる〈父〉ではない。それでも彼を敬わなければならないとしても、われわれは彼の前に膝まづく必要はない。神は人間と自然を包摂する存在だからだ。われわれは発展するために、

われわれの理性は啓示的一神教の独断的な二元論に歪められている。忘れられた古代の神はフリーメーソンの神を通してしか回復されない。

つまり文化的活動を通して自然の営為を継続し完全にするため逆説的にも神に立ち向かう必要があり、同時にわれわれ自身を理解し、われわれが生きる世界を理解し、また理性的な行動を引き受けるために神的なものをいっそう理解しなければならない。人間は自然に包まれて闘うことによって発展するが、しかし、自然の脈拍を尊重することによってしか知的闘いを率いることはない。それゆえ調和は、平和の陣営も戦争の陣営も選ぶことはできない——調和は同時に二つの陣地に位置しているのである。ギリシャ人たちは、彼らの神々を憎むのと同じ激しさで彼らの神々を崇拝していた。

プルードンは冗漫な書き手で、自分の書いたものをあまり読み返さず、また正確さも欠いていた。ほかのどれよりも宗教的領域においては、彼は生涯にわたってひどく躊躇いを見せていた。彼の神学的話柄に関する解釈は、ある場合には有神論的・超越論的意味で批判的に用いられ（キリスト教の神）、またある場合には古代的・内在的意味で称賛する形で用いられる（フリーメーソンあるいは異教の神）「神」という語の両義性によってなおのこと込み入ったものになっている。しかし神に対する攻撃は、所有に対する攻撃以上にわれわれを誤まらせるものであってはならない——プルードンが神的なもの、あるいは所有に関するある種の概念を非難するという事実は、彼がそのすべての形態を拒絶するということではない。逆に、明晰で健全な、最終的にはドグマから解放された宗教的感情を回復することは彼にとって文明の大いなる標章であろう。

精神性には意味がある、というのは、それがわれわれを世界に関する深い瞑想に向かわせ、そのおかげでわれわれはさらに正当で適切な実践的態度を身に着けるからである。彼なりに伝統主義者であるプルードンは、最も古代的な思想とわれわれを融和させてくれるのである、愚かな近代主義《モデルニスム》——共産主義の父カール・マルクスにおいてと同様、自由主義の父アダム・スミスにおいても露わとなる双頭のあの奇妙な怪物《ヒュドラ》に抗して。

第十五章
現実的なものの弁証法

古代宗教へのプルードンの関心は、「弁証法」の概念とともに検討されなければならない。この概念は、観念と現実的なものにおいて作用する諸矛盾の研究を意味している。「弁証法（dialectique）」は「対話（dialogue）」と同じ語源を示している。すなわち、それは存在ないし事物の「間（dia）」に現われる対立を「談話／文章（logos）」によって管理する方法である。プルードン自身は、弁証法は彼の思考すべての要《かなめ》であると断言していた。そのことは政治や経済に関する彼の言葉で確認できるが、そこで彼はいつも、問題となる矛盾を明らかにするよう努めていたが、それはその矛盾を釣り合わせ、そこから最もよい選択を引き出すためであった。古代宗教の知恵は、一神教的宗教の影響のもとに現代文化が立脚するようになるさまざまな対立に予め異を唱えていた。われわれキリスト教的西欧にとって、〈天〉は〈地上〉に対立している。この超越性は同時に、道徳的教条主義（悪に対する善の正当性）および政治的教条主義（中央権力の正当性、これは長いこと「神権」に関して考えられていた。そして統一共和国はその基本構造を繰り返していた）を決定している。

　プルードンはカントとヘーゲルを読んだことで弁証法の思想を知った。それから彼は一八四三－四四年の激しい哲学的討論の頃、マルクスの周辺でこの問題を研究し、その傍ら彼らはパリで会い、短い間、友情を交わした。唯物論的観点からすれば、――と『資本論』の著者は言う――歴史の弁証法的運動は階級闘争の表われとして考えられうる。覇権――旧体制《アンシャン・レジーム》終結以来のプロレタリアとブルジョワジーに関わる――のために対立しあう階級が対決するが、この対決こそが未来の平等の基礎を提示しつつ、最も大きく前進した政治を生む。やがて、この闘争は「偉大な夕べ」の共産主義と階級闘争の廃止に至ることだろう。社会における明らかな矛盾は徐々に乗り越えられることだろう。ヘーゲルをかなり個人的に解釈し直しているマルクスは、「進歩的弁証法」の概念にまったく自分なりの意味を与えている。というのも、彼によれば矛盾の弁証法的解決は必然的で運命的な

〈進歩〉へと方向づけられているというのだ。

プルードンはヘーゲルの教説にも、ましてや共産主義の進歩主義にも決して納得しなかった。彼は新しい形の弁証法を考えようとしていたのであり、それは生の経験的与件にもっと寄り添うものであった。先に見たことだが、彼はおよそ歴史的オプティミズムを受け入れなかった――彼によれば、たとえば経済に見られる対立的極性（階級闘争のような）も、われわれの心理に見られるそれ（権威と自由への同時の欲求のように）も、魔法の箒のひと掃きで掃除できるものではない。ヘーゲル-マルクス主義的な理性は人類の袋小路に対して幻想的な回答しかもたらしていない。生は矛盾に満ちており、そのことを変えることはできないだろう。明白な社会的階級が常に存在することに関しては、たとえ人間がみな異なっており、同じ能力、同じ人格、同じ野心を持っていないからと言って、慎重に解決されなければならない。そしてまた、自由でありかつ秩序ある世界で生きること

プルードンはヘーゲルの教説にも、共産主義の進歩主義にも決して納得しなかった。彼は新しい形の弁証法を考えようとしていた。それは生の経験的与件にもっと寄り添うものであった。

を同時に望むことに関しても慎重に解決されなければならない。

その代わりわれわれは、社会的闘争ができるだけ破壊的ではなく建設的な形を取るようにすることはできる。また、権威への欲求が自由への欲求と最もよく合致するようにすることはできる。それこそ、経済的相互主義および政治的連合主義が促進しようとしていることである。相互主義は、商業の競争原理の働く所有権と自由を連合的で正当な経済的枠組みの中で維持することでそれらを保証する。連合主義は、より大きな政治的同盟の中に諸個人の自治と地域的共同体を統合することでそれらを保証する。プルードンの弁証法は進歩的ではなかった。つまり、それは基本的な状況を変えることなく現実的なものの力学を均衡させることを目指していたのである。

こうした考え方は、ヘラクレイトス、孔子、そして多くの、とくにソクラテス以前か中国の古代思想家たちの理論と明らかな類似性を持っている。そのうえプルードンにはニーチェを先取りしたものもあり、というのはこの二人は古代の遺産に依拠しているからである——「深遠なというよりは神秘的なある種の哲学者が何を言おうと、生成とは存在と非存在の間の中間的段階ではない。生成は存在の運動である。存在はその生と現われにおける存在である」(『連合』、五八頁)。

プルードンは現代人が一般的にするように、本質主義的な形ではなくむしろプラグマチックで反二元論的な形で理性と正義を考えていた。つまり、理性ないし正義を回復するとは真と偽の間で決断することではなく、各天びん皿や、それぞれの矛盾した原理で適応し測定された（つまり正しくかつ理にかなった）部分に同意することである。二分状態を捉えるには、対立する二元性がお互いを排除しあうように二項対立的に偽から真を区別することによってではなく、文脈と状況によって絶えず変化しうる釣り合いの中でその同時的共存を明らかにすることによってでなければならない。

頂点には静的な本質が付与されていると考えるような固定的な存在論的考え方からは、弁証法は生じえないだろう――ギリシャの前ソクラテス期の思想あるいは伝統的な中国思想においては、頂点は動的で相反する現実それ自体の揺れ動く極性として現われ、中庸はこれら対立するものの間の不安定な均衡以外のなにものでもない。まさに運動があるからこそ、人間は節度を示さねばならない。つまり人間は、事物を測定しそれに対する自らの考えを採用する義務の中にいる。それは、事物があらゆる場所、あらゆる瞬間に絶えず変化するからである。適正な節度は普遍主義の拒否を伴っている。思想（あるいは道徳的な価値）というものは普遍的に真実ではありえない、なぜなら現実は変わるからである。自らの思想の普遍性、その不変性を信じる者は過剰によってであれ、欠如によってであれ、ほとんどいつもズレた状態にある——止まった時計は一日に二度しか正確な時を刻まない！ 臨機応変に対処する者のみが節度を示すだろう。弁証法は反理性主義ではない。すなわちそれは、理性をあまりにも単純化したり現実の矛盾に目を閉ざす考え方を拒絶する。

プルードンは節度に関する古代の考え方を擁護しているが、現代のブルジョワ精神において見られるような「中庸」に関するバイアスのかかったイデオロギーに対する厳しい言葉は彼には何も見られない。生ぬるくて味気のないそのようなイデオロギーは、実質のあるものを加えずにすべての陣営の欠陥をごちゃまぜにするだけである。そうした内輪でしか通用しない「節度」は正統的な中庸の思想とは何の関係もないと言うべきである。現代の生物不変説的な論理における中庸は、根本的に相容れない二つの頂点の間の中間点以外の何ものでもない。それは「中庸の過激主義」へと至るが、一方、生成に基づく古代の中庸は、相互に豊かにし合い節度を守るよう頂点（極端さ）を統合する。それぞれの姿勢、それぞれの観点は、適切な文脈の中で、開かれた形で、いかなる排他主義もなく適用される。それが、極端な行動や極端な観点をそれらが正当化されるあらゆる文脈に促す真の節度というものである。

プルードンはこの方法を、「セリー（系列）」の概念を発明したシャルル・フーリエへのオマージュとして「セリーの弁証法」と呼んでいた。この表現は「非進歩的弁証法」と完全に同義であるが、もっと直接的には、世界は――二律背反《アンチノミー》、すなわち互いに絶対的に対立しあう二重の原理によってではなく――ごく小さなセリーで構成されているという思想に差し向ける。たとえば、全体と部分があるのではなく、部分から全体へとさかのぼり、そして全体から部分へと下るグラデーションがあるのだ。そこでセリーの弁証法は、二律背反《アンチノミー》を対立させるのではなく、この全体の各局面を両立させようとする。これは、精神と肉体、善と悪、真実と誤謬、文化と自然、等々といった概念にも適用される。「二律背反《アンチノミー》は、中間点と内的運動からなる抽象たる小世界の二つの極に関わる理論である。セリーは諸思想の分類のありうべきすべての形態を包摂するものであり、それは統一性にして多様性、自然の真実の表現、したがって理性の至高の形態である。セリーにもたらさ

前ソクラテス期の思想あるいは伝統的な中国思想においては、
頂点は動的で相反する現実それ自体の揺れ動く極性として現れ、
中庸はこれら対立するものの間の不安定な均衡以外のなにものでもない。

れうる、あるいはセリーにおいて与えられうるもの以外の何ものも、精神にとって知的になるものはない。そして、孤立したものとして映るすべての創造、すべての現象、すべての原理は、われわれにとって非知的なものなのだ」(『貧困』Ⅱ、一七三頁)。セリーはそれぞれの独自な現実を包摂するものにもたらし、そのただ中にその現実が刻み込まれる。いかなる真実もそれ自身では抱かれえない、それというのも真実は外的世界とのその有機的な関係を通してしか実際姿を現わさないからである。

弁証法というこのジャンルの最後の言葉は、認識論的でかつ道徳的な「寛容」と呼ばれうるようなものの中にある。寛容は、あらゆる思想が同一平面上に置かれるような相対主義としてよりもむしろ理性や姿勢の柔軟さとして理解しなければならない。与えられたそれぞれの文脈の中では、思想は多少なりと真実である。ドグマチックな思想と寛容な思想との違いは、寛容な思想は自分が絶えず適用される文脈で他者に場を譲る点において、自分をどこまでも正しいと思うドグマチックな思想とは逆であるということだ。セリー的な弁証法を実践する者は、遠近法主義的な言説に与する。つまり彼は、真実は物事に対する観点の複数化にほかならないと考えているのだ。

われわれはいま、プルードン、ヘラクレイトス、ニーチェに共通の系譜を提起したが、そこにモンテーニュも加えることができよう。『エセー』の著者は知的アプローチの多様性や思考の下書き――要するに著作のタイトルの由縁である哲学的「試論《エセー》」――を好んだがゆえに教条主義的精神〔esprit de systéme〕を嫌っていた。試みの精神は、〔体系的思考／教条主義的精神とは逆に、世界の真実を汲み尽くそうとはしない。それは真実の一局面を、必要に応じてその小さな一部を明らかにしようとするのである。この過程には体系的思考と同じくらいの厳密さが伴っているが、その見込みはさほど強くはない。この試みの精神によってわれわれはあらゆる教説、あらゆるイデオロギーの中に情報を集め、そこから蜜を作るよう仕向けられる。絶対的な真実というものはない以上、完全に真実なものは何もない。しかしそれは、すべてに多少の真実があるということだ。どんなに馬鹿げた思想でも、それが、限定的ではあってもある意味で何か現実的なことを言った瞬間から、なおもわれわれを豊かにする可能性があるだろう。そして最も繊細な思想とは、この上なく完全

オルテガ・イ・ガセーの生の理性主義とは、
世界を生成として、本質主義的な理性の庇護下では捉えられぬ流れとして
考える理性主義である。それは古代的でヘラクレイトス的な理性主義の形態である。

に判断に微妙な含みを持たせるもの、知性を見事に充実させ、矛盾の最も大きな部分を統合するものとなるだろう。それはまた、あたかも何も真実ではないかのようにすべてを平準化する意味においてではなく、それぞれの真実が適合する固有の文脈で、その文脈でのみ結びつけられる意味において最も相対的な思想であろう。モンテーニュが言っていたことだが、思慮深い人間はあらゆる著者から記憶に留めるに値するものを汲み取る、と。単独で正しいものは何もない。したがって先入見なしにさまざまな教説を組み合わせ、それらを必要な文脈の中で動かし、さもなければ忘れるがよい。

スペインの哲学者オルテガ・イ・ガセー——彼はニーチェに関連づけられるがプルードンのことはほとんど知らなかった——は、「生の理性主義」として遠近法主義的な主張を説いた。この生の理性主義とは、世界を生成として、本質主義的な理性の庇護下では捉えられぬ流れとして考える理性主義である。しかしそれでもそれは、現代的・デカルト的というよりは古代的でヘラクレイトス的な理性主義の形態である。ニュートンの機械論的物理学の凋落以来、現代科学の大勢がアインシュタインの相対性理論や量子物理学のような方向と結びついていることはつとに知られている。

プルードン自身既に、勃興する科学と古来からの伝統との間の関係は理解していた——

「賢者の石に関して六〇年ほど嘲笑した後、化学者は実験に教えられてもはや物体の変質可能性をあえて否定しようとはしない。一方で、天文学者は宇宙の仕組みによって再び宇宙の有機性を、すなわち正確には占星術のような何かを疑うよう導かれる」(『貧困』I、一一頁)。こうした科学上の新しい見通しは、デミウルゴス的な生命力を啓示することによって宇宙を輝かしくしていた最も原初的な宗教的概念を復権させるものである——「そうだ、私にはわかった、われわれの粗野な理性主義は、科学の力によって後に真に驚異的なものとなるであろう時代の端緒なのだ。つまり宇宙は、私の目には、魔術の実験室にほかならない。(…)ほかの場合と同様この場合も、理性が最も進み確立された結論、つまり神学的問題に永遠に決着をつけたと思われるものでも、われわれを改めて本源的問題に連れ戻し、不可避の新たな哲学的与件を伴っているものである。(…)現に私が執筆しているこの瞬間も、人類は自らにとって神性の古代的概念に相当するような何かを認識し明らかにしようとしており、そしてそれは、かつてのように自然に起きる動きによってではなく、熟考と不屈の弁証法によってなされるのである」(『貧困』I、一四頁)。

おわりに
精神の革命に向けて

大方の人は、アナーキズムを個人主義的で悲観主義的なイデオロギーとして見ている。現在の無政府主義的な動静に関しては、それはたぶん当たっているかもしれない。しかし、本源的なアナーキズムに関しては全く間違っている！　プルードンは、より厳格な倫理的秩序の名においてしか公的制度によって伝えられる法的無秩序に対立することはなかった。

人間は本来弱い存在である。進歩するよう駆り立てられなければ、懶惰に身を任せるものだ。ところで、現代の世界はわれわれを悪しき傾向に置いている。すなわち世界は、商業の強欲さと国家の統制経済を通してわれわれをさらに悪しき状態にする。商業がわれわれを欲深くする一方で、行政はわれわれを幼稚化させる。アナーキストは全く逆の選択をめざす――われわれのあるがままの性向にはなじまず妥協しない環境にわれわれを生かそうとするのだ。アナーキストは、われわれを監視下に置く国家を妨げようとするのと同じように、われわれの強欲さを煽り立てる商業の邪魔をしようとする。人間を自らの責任の前に据え、自ら指揮を執り、規律に服すべく、アナーキストはその道徳的理想主義を引き受ける。

このような計画には危険が伴っている。法律や公権力の絶対的権力ではなく教育や連合的精神を当てにするのは容易ではない。それは、専門家のテクノクラシーよりも主権を有する民主主義的人民を当てにするのがむずかしいのと同断である。もしも意思表示よりは平穏さを、異議申し立てをする秩序よりはのうのうとした無秩序を選ぶのであれば、専制政治は現行の議会的寡頭政治よりも効果的かもしれないと正直に認めようではないか。その代わり、もしもアナーキストであるのならば、人間が真に人間らしくなる希望のもとに、人間が根底から組織されるがままになるリスクをわれわれは選ぼうとするだろう。そしてわれわれは、大資本と中央集権国家に抗して協同組合的 - 相互主義的精神を擁護するだろう。

プルードンのアナーキズムは、過激なイデオロギーでも何でもない。それはほかの教説の長所を組み合わせるイデオロギーである。プルードンは暴力的なドグマ主義に対して倫理的なアンガージュマンを擁護していた。また諸価値の均一化に対しては寛容を擁護していた。宗教的超越性やもう一つの世界への執着に敵対する人々に向かうと、精神的感嘆（の大切さ）を説いた。経済的な捕食行為に対しては商業の自由を擁護し、併合的集産主義に対しては地域の連帯を擁護した。アイデンティティの狂信者たちに対しては定着の大切さを説いた。こうしたことは、それぞれに社会に関する極端なヴィジョンに走る共産主義者、ファシスト、資本主義者たちに反対してのことである。人間の衝動性に直面すると、文明は、均衡への脆くて不安定な道に従うよう、われわれに注文する。中庸を保つのは綱渡りみたいなものだ。しかし、過去の過ちにまた陥らぬためには、われわれは綱渡り芸人にならなくちゃならない。唯一、道徳的要請だけが破滅の向こう側へわれわれを導いてくれるだろう。

何の苦労もなくそこへはたどり着けまい。自己変革は終わりのない、ずっと繰り返される仕事だ。この危険な道を根気よく辿るためには、明日の現実と結びついた独自の行動形態を考えなければならないだろう。プルードンの教えは、一九世紀に考えられたままではもはや通用しない。われらの時代はそれほどにあまりにも変化している。しかし、時代はそう見える以上にアナーキズムに好都合の時である。現代性がよって立つ基軸は崩壊しつつある。経済＝世界の時代に、国民国家は前例のない危機を迎えている。資本主義もまた崩壊の段階に入っている――金融の急激な変動は、投機的バブルと負債の指数関数的な急騰の間で頻発する。古典的なサラリーマンは、雇用の不安定化、アウトソーシングの一般化、解雇の常態化のために消失する。予測される困難な時代にあって、われわれは福祉国家の空洞を埋めるために協同組合的な組織を稠密化しておく必要があるだろう。雇用の崩壊による思わぬ欠損の手当には相互主義が必要となろう。

次の十年の間に、プルードン思想への緊急の要請が新たに起こることだろう。おそらくは不可欠の緊急性が。世界政府がますます遠ざかり、グローバル資本主義の非人間性を前にして、しかるべき人生の条件を保とうと思うのならば、人間には地域の意味を再発見する以外の選択肢はないだろう。好奇心旺盛な精神を持とうではないか。この遊星の衰弱から逃れる言葉を提起するべく沸き起こる声に耳傾けようではないか。こうした声は高みからではなく、下からやって来る。流通から脱落した農夫たちは消費者との直接販売を拡大する。草の根活動家たちは、時に地域通貨を作ったりして自給交換システムを基礎に、短期流通経済を組織する。協同組合的銀行が生まれる。多国籍企業が遺棄した工場を入手するために、労働者たちが集結する。インターネットを利用して、オルタナティブなメディアがラジオ局やテレビチャンネルのフォーマット化を直接交渉する。あらゆる地域で、ボランティアの知識人たちが民衆大学や独立系出版社を作る。私人が非営利的プラットフォームで連絡を取り合い、サービスを交換し合い、カーシェアリングし、バカンスの間は家を提供しあう。そのイニシアチブを促進し、参加するのはわれわれ次第だ。これらはわれわれ抜きでは発展しない。だがわれわれが自分の分を提供するならば、何もそれを止めることはできないだろう。

世界を変えるのは職業政治家ではない、なぜなら彼らは世界が進むがままに世界の世話になって生きているからだ。われらの自由をわれらに返すのは活動家ではない、なぜなら彼らは自分を普遍的真実の番人だと思っているからだ。われわれはいかなるドグマも信じない。われわれはどんな寺院にも属さない。だがわれわれには、われわれ自身への配慮と

プルードン思想への緊急の要請が起こるだろう。
この遊星の衰弱から逃れる言葉に耳傾けようではないか。
革命はわれわれの魂の中にある。

他者への配慮がある。革命はわれわれの魂の中にある、投票箱の中やバリケードの上にではなく――。

	ゴー『レ・ミゼラブル』。ラッサール『労働者綱領』。)
1863	２月、『連合の原理、および革命党を再構成する必要性』、３週間足らずで6000部売れる。『文学的世襲財産』刊。11月、『1815年の条約がもし存在しなかったならば』刊。体調不良を訴える。(ボン・マルシェ百貨店開店。ロンドン地下鉄開通。ルナン『イエス伝』。ミル『功利主義』。マネ『草上の昼食』。)
1864	夏、故郷ブザンソンへの最後の旅。最後の著作『労働者階級の政治的能力』を口述筆記。(１月、ポーランドに革命。第一インターナショナル結成)
1865	１月19日、午前２時、司祭を呼ぶのを拒否してパッシーにて死す。葬儀には百人以上の旧友、3000人以上の労働者が参列。(手形法成立。プランタン百貨店開業。クロード・ベルナール『実験医学序説』。)
	(1867年、マルクス『資本論』第一巻。1870年、普仏戦争、ナポレオン三世退位。1871年、パリ・コミューン。)

＊作成に当たっては、マルクス／的場昭弘訳『新訳　哲学の貧困』(作品社)および河野健二編『プルードン研究』を参考にさせていただきました。

	ポレオンのクー・デタ。ユゴー、亡命。英、ロンドンで第一回万国博覧会。)
1852	1月、次女マルセル誕生。6月、サント＝ペラジーを出獄。7月、『12月2日のクー・デタによって証明された社会革命』、即日発禁処分。(12月2日、第二帝政成立（～70年)。)
1853	9月、三女ステファニー誕生。(7月、オスマン、セーヌ県知事に就任。クリミア戦争開始（～五六年)。ユゴー『懲罰詩集』『小人ナポレオン』。)
1854	コレラ流行、8月、次女マルセル死去。(フランス、クリミア戦争に介入。)
1855	4月、ミルクールの『プルードン伝』が出るが、その内容に憤激。『鉄道開発を遂行するにあたっての改革』刊行。(5月、パリで万国博覧会。クールベ「アトリエ」「オルナンの埋葬」、サロンに落選。)
1856	5月、四女シャルロット誕生、12月、死去。(英、株式会社法成立。)
1857	『革命と教会における正義について。実践哲学の新原理』の半分が完成。(アルジェリア征服。フローベール『ボヴァリー夫人』、ボードレール『悪の華』、風俗紊乱の廉で起訴されるが、前者は無罪、後者は300フランの罰金。)
1858	『革命と教会における正義について。実践哲学の新原理』出版されるが、公共秩序への批判、信仰への冒瀆等の廉で直ちに差し押さえられる。しかし既に6500部のうち6000部は売れていた。7月、ベルギーに亡命。12月、家族らと合流。(1月、オルシニ、ナポレオン三世を襲撃。治安維持法成立。スエズ運河会社設立。英、東インド会社解散。コント、没。)
1859	『戦争と平和』の構想。(4月、イタリア統一戦争。マルクス『経済学批判』。ダーウィン『種の起源』。)
1860	10月、『戦争と平和』完成するが、ガルニエ書店が出版を拒否、ダンチュ社が引き受ける。(1月、英仏通商条約、自由貿易へ。オスマンのパリ大改造開始。米、リンカーン、大統領に。)
1861	5月、『戦争と平和』出版、ベストセラーに。スイス・ヴォー州の賞を獲得した『租税の理論』を刊行。4月、ゲルツェンを通じてトルストイとブリュッセルで会う。(伊、イタリア王国成立。露、農奴解放令。米、南北戦争始まる（～65年)。)
1862	九月、パリに帰る。十月『イタリアにおける連合と統一』出版。(独、ビスマルク、プロシア首相になる。米、奴隷解放宣言。ユ

	覚書執筆。(マルクス、ベルリン大学を卒業)
1842	『所有者への警告 コンシデラン氏への手紙』刊行、ドゥー県の陪審法廷に起訴される。(鉄道建設法成立。カベー『イカリア旅行記』。英、チャーチスト運動が暴動化。独、『ライン新聞』刊行、マルクスは同紙の編集者となる)
1843	ランベール印刷所を売却。ゴーティエがリヨンに作った水運会社の職に就く(47年まで)。リヨンの相互主義者たちと交流。7月、『手帖』を付け始める。『人類における秩序の創造』出版。(フォイエルバッハ『将来哲学の根本問題』。マルクス、パリに出て『独仏年誌』編集)
1844	パリでさまざまな社会主義者、マルクス、ハイネ、グリュン、ゲルツェン、バクーニンらと付き合う。(マルクス『経済学・哲学草稿』。ルイ・ボナパルト『貧困の絶滅』)
1845	『鉄道と海運の競争について』執筆。(マルクス・エンゲルス『聖家族』。エンゲルス『イギリスにおける労働者階級の状態』)
1846	5月、マルクスより『独仏年誌』への協力要請を受けるが、断りの手紙を出す。10月、『貧困の哲学』刊行。(ルイ・フィリップ暗殺計画。農業・工業恐慌[47年まで]。英、穀物法廃止。伊、民族解放運動。)
1847	10月、ゴーティエ水運会社をやめる。12月、母の死。『人民の代表』紙発行を決める。(金融恐慌。改革宴会盛ん。英、恐慌、10時間労働法。マルクス『哲学の貧困』。独、共産主義同盟結成。ミシュレ『フランス革命史』[～53年])
1848	二月革命後、交換銀行(1年後に人民銀行)を設立。4月の総選挙で落選するも、6月の補選でルイ・ボナパルト、ティエールとともに国民議会代表となる。『人民の代表』紙はたびたび発行停止処分を受けた後、発行禁止に。(共産党宣言。仏、12月大統領選でルイ・ボナパルト当選。J・S・ミル『経済学原理』)
1849	『人民』紙の二論文により禁固刑となるが、ベルギーへ亡命。フランスにもどった後、サント=ペラジーへ収監。『革命家の告白』を執筆・出版。獄中でルイーズ=ユーフレジー・ピエガールと結婚(6月、ルドリュ=ロラン、英へ亡命。7月、ヨーロッパ各地で反革命軍の勝利。8月、マルクスはロンドンへ亡命。11月、団結禁止法。)
1850	長女カトリーヌ誕生。(6月、政治的結社・集会の禁止。新聞への印紙税復活。ルイ・ボナパルトと議会との対立激化)
1851	7月、『十九世紀の革命の一般的理念』刊行。(12月、ルイ=ナ

年代	プ　ル　ー　ド　ン　年　譜　　（　）内は関連する出来事
	1789～1795年、フランス大革命。
1809	1/15、ブザンソンに生まれる。父フランソワ、母カトリーヌ・シモナンの長男として。
1814	父、ビール醸造を始める。（4/6 ナポレオン退位。ルイ十八世即位、第一王政復古（～1815年）。9/1 ウィーン会議（～1815年））
1815	ナポレオン、百日天下。
1818	父のビール工場倒産。（マルクス、生まれる）
1820	奨学金を獲得。ブザンソン王立コレージュの第六学年に入学。
1824	（ルイ十八世没、シャルル十世即位。）
1827	家の経済が悪化、印刷工となる。
1829	ゴーチエ印刷所の校正の仕事でフーリエの『産業的協同社会的新世界』を知る。
1830～34	様々な印刷所を遍歴して働く。マルセイユ、トゥールーズ、ドラギニャンなど。（リヨンで1831年絹織物工のストライキ、暴動。）1833年徴兵されていた弟ジャン＝エチエンヌが行軍中に死去。衝撃を受ける。
1835	ランベール、モーリスらとともにブザンソンの印刷所をランベール印刷所とするが、この事業は失敗、ランベールは自殺。プルードンは負債処理に奔走。7月には友人ファローも死去。彼自身、健康を害する。
1837	司祭ベルジエの『言語の本源的要素』をランベール印刷所から出版ののち、自らの処女作『一般文法に関する試論』を刊行。（フーリエ没。英でチャーチスト運動始まる）
1838	ブザンソン・アカデミーのシュアール奨学金に合格。さまざまに仕事をする。
1839	3月、「カトリック辞典」で文法、論理学、哲学の項目を執筆。8月、ブザンソン・アカデミーの懸賞論文で『日曜励行論』が銅メダル受賞、ランベール印刷所から出版。（ブランキの暴動。ドイツ義人同盟解散）
1840	『所有とは何か』をブザンソン・アカデミーに提出、出版。一大スキャンダルとなるが、A・ブランキのおかげで起訴を免れる。（ルイ・ボナパルト、反乱、失敗。ギゾー内閣成立。アルジェリア反乱、鎮圧）
1841	ブザンソン・アカデミーでプルードンの奨学金停止案出るも、2/3に達せず否決。ブランキ宛の手紙の形で所有に関する第二の

訳者あとがき──「経済」亡者から遠く離れて

「一国の状態にまったくのところ無知である人間たちが、どうしてほとんどいつもその国を代表しているのか」(P＝J・プルードン『革命家の告白──二月革命史のために』作品社)

「……資本主義システムの行き詰まりは、私たちの生活方式を徐々に蝕んでいく。それを食い止めるのは、信頼に足る対抗ヘゲモニーのブロックが構成されるときだ。」(ナンシー・フレイザー『資本主義は私たちをなぜ幸せにしないのか』ちくま新書)

本書は、Thibault Isabel *Pierre-Joseph Proudhon L'anarchie sans le désordre (Préface de Michel Onfray)*, Edition Autrement, un department des Editions Flammarion 2021(親本は二〇一七年の刊行)の全訳である。

著者ティボー・イザベルは、一九七八年ルーベ(フランス北部、ベルギーとの国境近く)生まれ。哲学者、作家、編集者。リール大学で哲学博士取得(二〇〇五年)、二〇一八年よりオンライン・マガジン『L'inactuelle（反時代的）』主宰（なお、彼は右派のアラン・ド・ブノワの思想誌「Krisis 危機」の元・編集長でもあったし、本書に序文を寄せているミシェル・オンフレ[注1]――既に百冊もの著作があり現に邦訳も数冊ある――の主宰する雑誌「Front Populaire 人民戦線」の協力者でもあった）。ニーチェとブルクハルトの影響の下、古代および現代文明の文化人類学的比較研究に携わる。プルードンと孔子にも影響を受ける。おもな著書に『アメリカ映画の世紀末（一九八一―二〇〇〇）』、『異教的知恵のマニュアル――東洋および西洋の古代哲学者たちとともに新しい生きる術を求めて』、『アナーキストと哲学者の息子（ダニー＝ロベール・デュフォーに聞く）』など。彼は現代世界のニヒリズムを克服する手立てとしてパガニスム（古代異教文明）に関心を寄せているという。

本書の副題を文字通り訳せば、「アナルシー（無政府状態）は無秩序ではない」といった意味で、プルードン思想のあり方からすればむしろ当然の言であろうが、近年、アナーキズムがひそかなブーム（？）を迎えているとはいえ、彼我の情況的感覚の差やその他の事情に鑑み、また原著者のメッセージ性の意を汲んで、タイトルを表記の如くにした。原著刊行直後の著者へのインタビューなどを紹介しながら本書訳出のモチーフを述べることで、「あとがき」に代えたいと思う。

まずは、原書裏表紙の惹句を引いてみる。

「20世紀の間ずっと反自由主義的な潮流が共産主義的イデオロギーによって支配的だった。しかしかつてピエール＝ジョゼフ・プルードンが、これに異を唱える人々の最先端にいたことは忘れられている。その時マルクスはまだ周縁的哲学者と見なされていた。プルードンは資本主義に激しく敵対しながら、教条的セクト主義やプロレタリア独裁を拒否していた。彼は、民衆に権力を返しサラリーマンを廃絶するために、自ら「アナーキズム」と称した連合的民主主義という形式を熱心に説いていた。地方の出自〔フランシュ＝コンテ〕に誇りを持ち、彼はジャコバン的国家に抗してコミューンの自治を回復しようとした。また正義に燃え、金融の支配と大企業に終止符を打とうとした。いま、ベルリンの壁崩壊から三〇年を経て、彼の思想は第二の青春を迎えている。新自由主義のグローバリゼーションのさなかで、この思想は明日への新たなオルタナティヴとなっている。」

「反自由主義的な潮流」が支配的だったという言い方には首を傾げる向きもあろうが、これはまあ共産主義的イデオロギーからすればの話であり、それもソ連邦崩壊後は見る影もなく、一方でネオ・リベの蔓延は腹に据えかねるというよりもそこに未来はないという意味での状況認識としては、これにとりあえず異論はないことにしよう。ただ、「民衆大学叢書」の一つとして二〇一七年に本書が刊行された時点よりは、事態はさらに悪化しているのは誰しもが認めるところだろう。また、本書に序文を寄せたM・オンフレが言うように「悪意以外の論拠がないことを隠しもしない」マルクスの『哲学の貧困』からの視線にほぼ一方的にプルードンが晒されていた嫌いのある状態からはようやく脱しつつあるのは、近年（二〇二〇年）的場昭弘氏の『［新訳］哲学の貧困』（作品社）および『未来のプルードン――資本主義もマルクス主義も超えて』（亜紀書房）によって、プルードンもマルクスも新たに捉え返されていることからも明らかである。金山準『プルードン――反「絶対」の探求』（岩波書店、二〇二二年）、阪上孝『プルードンの社会革命論』（平凡社ライブラリー、二〇二三年）[注2]、プルードン／伊多波宗周訳『所有とは何か』（講談社学術文庫、二〇二四年一月）などの刊行もあり、P・アンサールがかつて六八年五月を踏まえて言ったようにプルードンは「危機の時代」に甦るのかもしれない。

　だが一方で、新自由主義のグローバリズムがなぜこれほどまでに日本および世界を席巻したのか、単なる体制‐反体制という図式を超えて考えてみなくてはならない。それは、われわれの生きている「場」がどうなっているかを、改めて考え直すことからはじめてみるということである。

　たとえば、千葉眞『資本主義・デモクラシー・エコロジー――危機の時代の「突破口」を求めて』（筑摩叢書、二〇二二年）なども、この間の状況下でのいわゆる自由民主主義の機能不全・劣化への危機意識を露わにしつつ、今後の方向性を模索するものと言えるものだし、さらには、しばらく前から多くの人が注目するアナーキスト人類学のデヴィッド・グレーバー（二〇二〇年惜しくも亡くなった）の視座がわれわれを励まし勇気づけるものと言えるのではないだろうか。どういうことか――。ここは、グレーバーの盟友・高祖岩三郎氏の助けを借りよう。グレーバーの第一作『人類学的価値論へ向けて――われらの夢の偽コイン』（邦訳『価値論』）にふれて、彼はこう書く。

「価値とは、すでに固定された社会関係の（公共による）認知ではなく、人びとがそれによって「まったく新しい社会関係を構築することさえ含めて」ほとんど何でもなしうる可能性を孕んだ事象である。このような前提から、グレーバーは「価値形成」をどこまでも政治化《ポリティサイズ》し、世界変革の可能性の問題へと開いていく。政治的行為の最終的賭けは「何が価値あるものか」という基準を打ち立てることにある。」（「グレーバー現象について」、D・グレーバー『アナーキスト人類学のための断章』以文社所収、強調は引用者）

「そしてマルクス主義に対して「いくつかの批判的視座」を有するグレーバーは、「「外在的法則によってのみ世界が変わる」かのような「社会から味のある事象すべてを切り捨てたところから出発する」客観主義的分析に対して、どのように「世界／人生」がありうるか、異なった生と世界を想像する企画《プロジェクト》、つまり「道徳的企画《モラル・プロジェクト》」が必要であると信じる。そこで彼はマルクスを補うものとしてマルセル・モースを導入するのだ。」（同前、強調は原文）

われわれの「生きる場」を問うとは、そういう「価値」を問うことではないのか。ハンナ・アレントが言うように、「政治」とは「自己とは異なる他者に対して言語によって働きかける行為」だとするならば、「ポスト資本主義」はそういう意味において問われるべきだろう。そうすれば、「資本主義の終わりより、世界の終わりを想像するほうがたやすい」（マーク・フィッシャー）と嘯かれるような加速主義の迷路からの出口もあるいは見出せるのではないのか？　そしてそれはまた、われわれを取り囲んでいるいわゆる「政治的」枠組み、「経済的」枠組みをはずして、生の現場を見つめなおすことでもあるのではないだろうか。[注3] ご覧のように著者のティボー・イザベルもまた、古代異教世界やソクラテス以前の古代世界の認識論的枠組みに現代世界を変えるヒントを求めるメッセージを強く打ち出している。ここでは彼へのインタビューなどから、彼の意図するところを確認してみたい。

*

オートルマン社から二〇一七年に初版が出た後、二〇二一年にフラマリオン社から改めて本書の新版が刊行された際のインタビュー（ウェブ版『フィガロヴォクス』、聞き手＝ロナン・プランション）で、「あなたはプルードンの思想を復権させようとしているが、彼のアナーキズムの定義とは何か」と聞かれて、Th・イザベルはまずこう答えている。

「六八年五月以来、われわれは自由な個人主義という観点からアナーキズムを捉えるのに慣らされているが、本来のアナーキズムはそういうものではない。プルードンは現代国家が「無秩序を組織化する」のを非難していました。つまり、彼はもっと厳密で正しい秩序を回復するために官僚主義的な権力と闘うことを要求していたのです。今でも時にそう思われているように、彼は反民主主義者ではない。反ジャコバンだったのです。彼は真に民衆的な民主政治の設立を求めていましたが、それはテクノクラートや多数派の横暴によるのではない、地方の自由や反権力の増大を土台とするものです。まさにそうしたものを、彼は「アナーキズム」と呼んでいました。」

本書の「はじめに　現代性の歪み」でも、「アナルシーとは「権力の廃棄」を意味し、「権力なき秩序」である」とし、その目的は、「混乱をまき散らすことではなく、もっと組織化されもっと柔軟な形で社会を規定することである」と著者は言うが、これは同じことを別の側面から述べたものである。「あらゆる誤解を回避するために自分としては、ローカルの連合民主主義のことをむしろ語りたい」と言っているくらい、Th・イザベルは慎重である。[注4]

だがここで肝腎なのは、彼はプルードン学者としてこんなことを言っているのではないということだ。その証拠にこの話のすぐ後で、欧州憲章の批准で国民投票が行われたにしても（二〇〇五年）、そんなものは超中央集権型の一部フランスエリート連中の目くらましで、国民投票は単なる刺身のツマみたいなものだ、民主主義の中心はコミューンにあるのであって、エリゼ宮やブリュッセル（EUの本部がある）にあるわけではないと言い捨てている。直接民主制や草の根政治に新たな意味を付与すれば、もっと民衆に近い秩序が作れるだろう、と。そしてその場合、言っておかなければならないのは、プルードンは決して暴力を許容したことはなく、ストライキや騒乱などには批判的だったことだ。フランスの反権威主義のパイオニアであり「アナーキズム」という言葉の発明者であった人間が、今日知られているような労働組合的文化のありようには否定的だったことは興味深いとイザベルは言っている。

さて、プルードンの何度目かの「復権」に彼が心を砕いているのは当然のこととして、問題はその先に何を見据えているかだ。プルードンは都市のヘゲモニーに対し地方の永遠の守護者であり続けたが、それは人間の背丈に合う政体にしか自治を認められなかったからであり、官僚主義的巨大機構を信じていなかったからである。その意味では彼は、スターリン主義へのオーウェル的批判や国家機構がすべてを飲み込んでしまうほどに肥大化した超管理化された自由主義社会批判を先取りしていた。このことは、ヨーロッパ連合やＩＭＦのような超国家的統治機構と同じく、とりわけフランスのようにジャコバン化した現代ヨーロッパ諸国家に当てはまるだろう。（こうした事態を回避するためにもプルードンは連合主義を提起していたのだという。）

「進歩の極みのようなふりをする非実体経済の跳梁――。国家はそれに直面し、資本の親玉たちに「助成金」やら「特権」を急いで認めるのだ。」「プルードンは諸価値の現代的危機の中に自由主義経済の危機の主な原因を見ていたが、同様に、自由主義経済の中に諸価値の現代的危機の主な原因を見ていた。」……ちょっと見渡しただけでも、本書にはこうした魅力的でかつ事態の本質を射抜いた言説が犇めいているが、それは取りも直さずイザベルがプルードンの肩越しに、ポスト資本主義の世界を瞳を凝らして見つめようとしていることを示すものだろう。

とはいえ、資本主義にせよ反資本主義にせよ、その「牧歌時代」はとうに終わりを告げている。ナンシー・フレイザーは「共喰い」という卓抜な隠喩で資本主義を捉えていたが（『資本主義は私たちをなぜ幸せにしないのか』）、そのように「餌に喰いつき、喰い荒そうとする、制度化された狂乱状態」としての資本主義はそもそも内に矛盾を抱え込んだウロボロスの蛇のような存在である。ここへ来て、いよいよその末期的症状が露わになっているとも言えるが、その処方箋はと言うとなかなかに悩ましいのではないか。イザベルは言う。

「ジェフ・ベゾス〔アマゾン会長〕はアマゾンがなければ独立開業できたかもしれない商人たちを廃絶してしまった。経済のウーバー化がわれわれを絶対的な多国籍企業の傘下で労働者化させる一方で、賃金生活者が蔓延する〔派遣会社の異様な増殖ぶりを見よ！——引用者注〕。プルードン主義は、産業および金融の大資本から人々を解き放つのが狙いであり、本来の自由主義《リベラリスム》とはできるだけ多くの人が自分のために働くことだったはずだが、こんなことはかつてなかったことだ。」

では、どうするか。

プルードンと同様に彼は労働と義務を尊重する。だが、それだけで事はすまない。労働はわれわれを現実の中に根づかせるが、消費は幻影《ファンタスム》を増大させる。しかし消費はまた、精神が「経営・管理」されることでわれわれを労働の中で無責任化もする……

*

その後彼は本書でもその豊かな一端が窺い知れる上古異教世界の生きる知恵をめぐる本(二〇二〇年)の上梓に際してインタビューを受けているが、そこからも若干拾ってみよう(二〇二一年三月一日、『un philosophe(哲学者)』、ジョナサン・ドーディによる)。イザベルはまず、哲学とは彼にとって「実践的な召命」であるという。「思考するとは生きる手助けにならねばならない」と。「この点で知恵は哲学の最終的到達点であり、そのことを現代西欧の哲学者たちは忘れがちである」。

ただしこの言葉を通り一遍の「警世的発言」として聞き流すべきではないだろう。単なる「異教的古代の復権」などと言って済ますのではなく、つまり、これをプルードンの身に即して考えてみると、どうなるか。たとえば、「所有」に関わる考察のモチーフに窺えるのだが、プルードンは、「所有」概念の底あるいは背景に存在する人間的関係を目をそらさず見つめ続けることによって、それが制度的・意識的関係の変化・変容ないし悪化(損傷)によってどのようになっていくか見究めようとする。ここに、ブザンソンの環境《アトモスフェア》というか大気に深く結びついたプルードンの思考体系=身体感覚があり、それが「独学者プルードン」の意味であり、また「ブザンソンの人」と呼ばれる真の意味ではないのだろうか。

プルードンとイザベルが口をそろえて言う「モラル＝道徳」とは、先にグレーバーに関して触れたすぐれて「価値形成」の問題に関わりがあり、いわゆる狭い意味で云々される志操などのことではない。そうではなく、人間の「生」の意識の歴史において何が価値づけられてきたかということである。「グレーバーは、生産においては想像力を抹消させながら、それを消費の領域へと封じ込めていく過程に20世紀の問題を見ていた」（酒井隆史『ブルシット・ジョブの謎』）ように、この間の流れの中であまりにも資本主義的諸価値が「自然」視される中であらためて「価値」を問う行為を「モラル」というのである。——「世俗の生は内在的な生を与えられ、驚異的なものを担うものである。人間自身が神的な輝きの一つの破片である。」（「第十四章　神とともに、それとも神なしに？」）

インタビュアーに聞かれるがままに、イザベルは古代の異教的知恵について現代批判とともに応え、ボードレールの同時代人の高踏派の詩人にしてヘレニストのルイ・メナールや、人類学のマルク・オジェ、古典学のマウリツィオ・ベッティーニ、イリイチや酪農家アナーキスト・ジョゼ・ボヴェに影響を与えたとされるジャック・エリュール、あるいはまた古代人が大切にしたプネウマ、スピリトゥス、気のことなどに話を及ばせており、それはそれで極めて興味深いが、ここで注目すべきはそれらに通底する反近代的（あるいは非近代的）価値であり、現代においてもなお問題となる形を変えた宗教性だろう。

これは単にプルードンのみならず、神なき時代に生きるわれわれ自身にも言えることだ（それに浩瀚なプルードンの評伝で名高い聖職者ピエール・オプマンもさり気なく言うように、プルードンは単なる無神論者ではない）。宗教的なものに対するプルードンの姿勢をよく示す言葉を、イザベルはこう書きつけている。「確かにわれわれは天上的なものに決して服従すべきではないが、むしろそれにわれわれを向き合わせるべきなのである（王を前にしたように〈創造者〉の前に跪くキリスト教の信心家のようにではなく、英雄的な古代の民衆に倣って）」。われわれと宗教との関係のあり方を考えさせる言葉である。ニーチェが直面し、バタイユが生き抜いた問題は依然として残されたままである。これは決して大仰な話ではなく、われわれはこの間あまりにも「経済的グローバリズム」の枠組みのみに囚われすぎていたのではないかと胸に手を当ててみる必要もあろう。こんな言い方がある。

「啓示《エアロイヒトウング》の真の創造的克服は（…）〈世俗的啓示〉において、すなわち唯物論的・人間学的な霊感においてなされる。（中略）私たちは秘密を日常的なもののなかに再認する程度に応じてのみ、その秘密を見抜くことになるのである。その際私たちが援用するのは、日常的なものを見抜きがたいものとして、見抜きがたいものを日常的なものとして認識するような、弁証法的な光学である。／（…）世俗的啓示において身体とイメージ空間とが深く相互浸透し、その結果、革命のあらゆる緊張が身体的・集団的な神経刺激となり、集団におけるあらゆる身体的な神経刺激が革命のうちで放電されるならば、そのときはじめて現実は、『共産党宣言』が要求している程度にまで、自分自身を乗り超えたことになる。この宣言が現在何をするよう命じているのか、それを把握している人間は目下のところシュルレアリストたちだけである。」（ベンヤミン「シュルレアリスム――ヨーロッパ知識人の最新のスナップショット」一九二九年、圏点は原文、『ベンヤミン・コレクションI 近代の意味』ちくま学芸文庫）

文庫本数ページにわたる記述を結果的にかなり恣意的に引いてしまったかもしれない。しかしこれは、ジョルジョ・アガンベンがその著『創造とアナーキー――資本主義宗教の時代における作品』（月曜社、二〇二二年）で、キリスト教の「典礼」行為とコンテンポラリーアートにおけるパフォーマンス（行為）そのものとを結びつけた視座と呼び交わすものではないだろうか。衰弱した古代恐竜のような資本主義が長く尾を引いた影の中で、姿を変えたプネウマ＝気がそここに息をひそめるようにしていると見るのは僻目か。

二〇二四年五月二七日

訳者識

注1　M・オンフレの序文は初版にはなかったが、本書が元にした一九一七年版に収められた。しかし版権交渉の過程で、この序文の翻訳権は拒否された。理由は定かではないが、当初オンフレの主宰する雑誌の協力者でもあったティボー・イザベルがその後の歩みにおいてオンフレと袂を分かったことが起因しているのではないかと推察される。詳細は省くが、両者の出会いとその後の展開において、両者のプルードン理解に齟齬が生じたことはイザベルの本文の論旨からも了解される。ちなみに、オンフレの序文のタイトルを記せば（このくらいは

許されよう)、「そうだ、プルードン、早く来い……唯物論思想という「天」に逆らって」である。両者の階級的出自を対照させながら、「マルクスは観念論者で、プルードンは実践家だ」と言う。しかし問題は、「マルクスか、プルードンか」ではあるまい。(ここで必要なのは、あえて論証抜きで付け加えるならば、たとえばマルクス・ガブリエルほか『資本主義と危機』(岩波書店)で展開されているような論点だろう。訳者としては、しかし、これ以上の贅言は差し控えよう。)

注2　阪上孝『プルードンの社会革命論』は一九八一年刊の『フランス社会主義——管理か自立か』(新評論)を加筆・改訂したものだが、とはいえ、「平凡社ライブラリー版あとがき　いまなぜプルードンを読むのか」で言うように、プルードンを読み考えることの現代的意義をなおも若々しく問いかけるものとなっている。それは著者自身の問題意識が「国家なしでは秩序を考えられない現代人」への危機意識に裏打ちされ、人類学のJ・C・スコットやデヴィッド・グレーバーを呼び出していることからも頷けるだろう。「私たちは、この二〇〇年間にわたる強い国家と自由主義経済に飼い慣らされて多くの相互性の慣習を失ってしまって」(スコット)いるのではないだろうか、と。

注3　同様の問題意識はほかにも見られる。たとえば、ナンシー・フレイザー『資本主義は私たちをなぜ幸せにしないのか』の「序章　共喰い資本主義」から——。
「(…)私たちが協力して立ち向かうべきは、さまざまな問題が撚《よ》り合わさった全般的な危機なのだ。多様な社会運動、政党、労働組合、集団的行為者の闘争を調整する十分な幅とヴィジョンを持ち、生態系と社会の変容を目指し、解放を勝ち取る対抗ヘゲモニーのプロジェクトを思い描けるだろうか——共喰い資本主義をきっぱりと葬り去るプロジェクトを。

この重大な局面にあって大きな実効性を持つのは、まさしくそのようなプロジェクトなのだ。」（傍点は原文）

あるいはまた、ピョートル・クロポトキン著　大杉栄訳『〈新装〉増補修訂版　相互扶助論』（同時代社）所収、大窪一志「甦れ、相互扶助（増補）」の次のような一節。

「産業資本以上に大きな問題を生み出しているのが、金融資本である。現在進められているグローバリゼーションはそれまでもあった産業資本と労働力の国境を越えた移動に加えて、金融市場・金融取引システムの世界的ネットワークの成立によって、金融資本が最も良い条件を求めて世界中の任意の地点に瞬時に移動するようになったことに特徴がある。そして、この金融資本の敏速で大規模な移動が、産業資本以上の社会解体をもたらしているのだ。その顕著な現れが、アイスランド社会の急成長と急没落である。」

注4　ここでは六八年五月のイデオロギー的風景が語られていたが、実際想像以上にたまさか付けられたイデオロギー的イメージは「強固」なものだろう。現に、現代日本の政治風景でも、「共産党とは共闘しない」とか宣う政党が存在するほどで、六全協以前ならばいざ知らず、「一体いまはいつなのか」と思わざるを得ないアナクロニズムが厳としてある。

【著者略歴】ティボー・イザベル
1978年ルーベ（フランス北部、ノール県）生まれ。哲学者、作家、編集者。リール大学で哲学博士号取得。雑誌『イナクチュエル L'Inactuelle』を主宰。おもな著書に、本書のほか、『アメリカ映画の世紀末　一九八一－二〇〇〇年』（ラ・メデューサ、二〇〇六年）、『異教的知恵のマニュアル』（パッスール・エディトゥール社、二〇二〇年）、『アナーキストの息子と哲学者（ダニー＝ロバート・デュフォーに聞く）』（R&N エディション、二〇二一年）がある。

【訳者略歴】山本光久
1950年生まれ。早稲田大学第一文学部仏文科卒。「日本読書新聞」「現代詩手帖」「図書新聞」編集長、日本ジャーナリスト専門学校講師、就実大学表現文化学科教授を経て、現在フリー。おもな訳書に、ロジェ・ラポルト『プルースト／バタイユ／ブランショ』（水声社）、『探究』（新宿書房）、プルードン『革命家の告白』（作品社）、フィリップ・ドレルム『しあわせの森をさがして』（廣済堂出版）ほか。

＊ 16、25、26、30頁の図は読者の理解の一助にと挿入されたもので、原文にはない。

プルードンの時代――金融資本主義を超えて

2025年2月10日　初版発行

著　者　ティボー・イザベル
訳　者　山　本　光　久
装　幀　東　　　芳　純
発行者　奥　沢　邦　成
発行所　株式会社　ぱ　る　出　版
〒160-0011　東京都新宿区若葉1-9-16
電話　03(3353)2835（代表）　振替　東京　00100-3-131586
FAX　03(3353)2826　　印刷・製本　中央精版印刷（株）

ISBN 978-4-8272-1460-4 C3036